创新资源与区域产业结构的空间错配及修正机制研究

陈 治 著

哈爾濱工業大學出版社

内容简介

随着经济建设的快速发展，我国一些地区为追求短期经济效益所形成的不可持续发展，造成了区域产业结构调整过程中创新资源配置的空间非均衡、不匹配，导致区域创新动力发展不足。本书借鉴内生经济增长理论、自由资本模型以及创新资源错配理论等，通过多角度分析与研究找出我国创新资源错配的根源和影响机制。全书共9章，主要包括创新资源配置效应及错配理论模型、我国科技政策及创新资源配置回顾与现状、创新资源配置测度及空间分布特征、创新资源配置与产业结构的空间错配测度、创新资源配置对产业结构升级的影响机制、创新资源配置的修正模拟等内容，回答了“我国产业结构调整过程中是否存在错配？错配程度如何？错配是否阻碍了产业结构调整及经济增长？错配的修正路径是什么？”等问题。

本书受国家社科基金项目《中国创新资源与区域产业结构空间错配及修正机制研究》（编号：16BGL207）资助，适用于相关领域的科研人员、研究生等借鉴参考。

图书在版编目（CIP）数据

创新资源与区域产业结构的空间错配及修正机制研究/陈治著. —哈尔滨：哈尔滨工业大学出版社，2022.5
ISBN 978-7-5603-9990-4

Ⅰ.①创… Ⅱ.①陈… Ⅲ.①区域产业结构－产品结构调整－研究－中国 Ⅳ.①F269.27

中国版本图书馆 CIP 数据核字（2022）第 049407 号

策划编辑　田新华
责任编辑　张羲琰
封面设计　刘长友
出版发行　哈尔滨工业大学出版社
社　　址　哈尔滨市南岗区复华四道街 10 号　邮编 150006
传　　真　0451－86414749
网　　址　http://hitpress.hit.edu.cn
印　　刷　哈尔滨圣铂印刷有限公司
开　　本　880mm×1230mm　1/32　印张 7.25　字数 207 千字
版　　次　2022 年 5 月第 1 版　2022 年 5 月第 1 次印刷
书　　号　ISBN 978-7-5603-9990-4
定　　价　49.00 元

前　　言

创新资源是创新活动的重要组成要素，是产生技术创新成果、推动经济和社会发展的要素总和。从产业结构的视角看，创新资源是指产业结构优化升级中的科技要素资源，包括创新人力资源、创新资本资源以及创新制度等非自然形式的具有科技含量的新资源。创新资源是产业结构优化的驱动资源，有什么样的资源，就会驱动形成什么样的产业结构。我国一些地区为追求短期经济效益所形成的不可持续发展，造成了区域产业结构调整过程中创新资源配置之间的空间非均衡、不匹配，使得区域性创新动力发展不足，无法实现对产业升级的推动效应，阻碍了产业结构优化升级的步伐，直接导致区域增长非均衡日趋严重、经济持续稳定增长后劲不足、资源消耗与环境污染严重、产业国际竞争力较弱、中小企业创新能力不强等。这些问题已成为当今我国经济增长过程中不得不面对的问题。也正因为如此，依靠科技进步推动经济发展，优化创新资源配置，已逐渐成为改变我国经济社会发展内涵和外延的必要选择。

本书尝试借鉴对劳动力、资本等一般生产要素配置研究的思路，将创新人力资源和创新资本视为主要创新资源，对其配置进行测度，梳理我国创新资源配置的发展变化历程和现状，以及对产业结构和经济增长所产生的影响，探讨创新资源错配现象的修正机制和路径，挖掘我国经济的增长潜力。

首先，突破传统产业内部资源配置研究，进行多维度创新资源配置测度。利用 Lilien 指数，动态测算反映 R&D(Research and Development，研究与发展)人员和 R&D 经费这两种创新资源的单一配置效率；在 Hsieh & Klenow 资源错配框架下，对 R&D 人员投入及 R&D 经费投入进行分区域和分行业的单一错配系数测度；将创新生产过程视为创新资源投入产出过程，测算 R&D 人员和 R&D 经费的创新资源综合配置效率 TFP_{RD}；从单一资源配置到多资源配置，从产业间配置到区域间配置，力求多角度反映我国目前创新资源配置现状及存在的问题。

其次，突破单纯的静态研究，进行时空结合的分区域动态研究。利用 R&D 人员和 R&D 经费配置的各种测算指数和产业结构高级化指数，从时间和空间两个维度测算创新资源配置与产业结构的空间错配程度，以反映二者之间的空间非协调性。在探讨创新资源配置对产业结构影响的机制时，利用面板数据，通过链式中介效应模型对“创新资源综合配置效率提高—创新驱动能力增强—产业结构升级—经济增长”这一链条的中介效应进行检验，证明创新资源如果形成有效配置会提高区域创新驱动力，进而会提高对产业结构升级和经济增长产生的正向连锁效应。研究中所用的每一种方法都是创新资源配置研究中的一种新尝试，并且从时间和空间两个维度进行研究突破了静态研究的局限。

最后，弥补重结果不重过程的研究不足，对创新资源配置调整进行动态模拟研究。传统经济学将技术创新视为生产过程的一般条件，本书结合内生经济增长理论，视创新过程为新的生产过程，尝试运用系统动力学模拟构建创新资源配置对产业结构升级及经济增长的影响模型，通过数据模拟结果讨论分区域创新资源配置对产业结构优化和经济增长的影响及修正路径，保证结论和政策建议更具有效性和说服力。

本书在写作中参考了相关文献，在此向文献作者表示感谢。书中难免有不足之处，敬请读者指正。

作 者

2021 年 11 月

目　录

第1章 导　论

1.1 背景及意义

“创新”这一概念源自熊彼特1912年出版的著作《经济发展理论》，他提出“创新”是指把一种新的生产要素和生产条件的“新结合”引入生产体系。直到20世纪60年代，新技术革命迅猛发展，美国经济学家罗斯托将“创新”的概念发展为“技术创新”。自此，关于技术创新的研究引起了人们的关注。随着知识全球化的不断深入，技术创新已经成为提升国家综合竞争力的重要手段，它既存在于一个国家宏观经济发展的动态变化中，也存在于某一个企业微观发展的过程中。如果将区域创新行为视为一个完整的系统，它是介于国家宏观创新与企业微观创新之间的衔接体，是区域发展的动力来源。而不论是宏观、中观、微观哪一个层面的创新活动，都离不开创新资源这一基础载体。

创新资源，即科技创新资源（周寄中，1999；周寄中等，2002），是创新活动的重要组成要素，是产生技术创新成果、推动经济和社会发展的要素总和。从产业结构的视角看，创新资源是指产业结构优化升级中的科技要素资源，包括创新人力资源、创新资本资源以及创新制度等非自然形式的具有科技含量的新资源。创新资源是产业结构优化的驱动资源，有什么样的资源，就会驱动形成什么样的产业结构。我国一些地区为追求短期经济效益所形成的不可持续发展，造成了区域产业结构调整过程中创新资源配置之间的空间非均衡、不匹配，使得区域性创新动力不足，无法实现对产业升级的推动效应，导致我国区域增长出现非均衡状况、经济持续稳定增长后劲不足、资源消耗与环境污染较重、产业国际竞争力较弱、中小企业创新能力不强等。这些问题已成为当今我国经济增长过程中不得不面对的问题。也正因为如此，依靠科技进步推动经济发展，优化创新资源配置，已逐渐成为改变我国经济社会发展内涵和外延的必要选择。

我国一直将技术创新摆在首要位置，并在不断探索中寻找科技创新战略实施的有效路径。自 2011 年提出“着力加快经济发展方式转变和经济结构调整，着力推进改革开放和自主创新”以来，我国已逐步将“提高自主创新能力，建设创新型国家”提升到国家战略的高度，充分说明技术创新在我国经济社会发展中的重要地位。2014 年中央经济工作会议指出要“大力调整产业结构，要着力抓好化解产能过剩和实施创新驱动发展”。2015 年，李克强总理的政府工作报告中提出“要把转方式调结构放到更加重要的位置，狠抓改革攻坚，突出创新驱动”。2019 年，习总书记提出针对科技领域的要求：“要加强科技领域体系建设和能力建设，完善国家创新体系，解决资源配置重复、科研力量分散、创新主体功能定位不清晰等突出问题，提高创新体系整体效能。”2020 年，党的十九届五中全会中提出“坚持创新在我国现代化建设全局中的核心地位，把科技自立自强作为国家发展的战略支撑”，强调深入实施科教兴国战略、人才强国战略、创新驱动发展战略，完善国家创新体系，加快建设科技强国。一系列举措足以显示国家对创新的高度重视。在推动技术创新发展的同时，创新资源的配置方式及效率直接决定了技术创新对产业结构及经济增长的驱动力度的大小。

要想顺利实现经济转型,如何提升创新能力、优化创新资源配置进而提高创新产出效率将是今后我国政策制定者考虑的重点,也是本书研究的出发点。经济转型以产业转型为重心,那么在我国产业结构调整过程中创新资源是否存在错配?错配的程度如何?错配是否阻碍了产业结构调整及经济增长?最优配置路径如何选择?修正后可带来多大的效率改善?未来的政策如何导向?政府在创新资源配置中应充当什么样的角色?本书将对上述问题给出答案,并为我国科技发展和创新资源配置提供有价值的政策建议。

1.2 研究内容和思路

1.2.1 创新资源配置的形成机制

本书借鉴内生经济增长理论中的创新资本积累效应理论、新经济地理模型中的自由资本模型以及由 Hsieh & Klenow 资源错配框架演化而来的创新资源错配理论模型等,多角度结合找出创新资源错配的根源和影响机制。结合要素配置模式,给出更符合我国转型实际的经济假设条件,作为产业结构调整过程中创新资源空间错配研究的理论基础。

1.2.2 我国创新资源配置的回顾与现状

创新资源错配的结果往往会带来科技生产效率低下和经济增长质量的下降。本书集中讨论了创新资源配置中存在的诸多问题,如R&D 人员和 R&D 经费配置的国际、国内各区域之间、部门之间、R&D 活动类型间进行多角度配置状况的对比分析,找出目前我国创新资源配置存在的问题,对创新资源错配的存在性进行论证。

1.2.3 我国创新资源配置测度研究

本书以《中国科技统计年鉴》《中国统计年鉴》为主要数据来源,

从以下几个角度研究创新资源在产业结构调整过程中配置的测度(本书分区域研究不包括我国港澳台地区)。

1. 单一资源配置效率的测度

该测度主要包括 R&D 人员和 R&D 经费的配置效率测度。通过借鉴 Lilien 指数对产业结构调整过程中产业视角和空间视角的创新资源配置效率进行测算。该指数可动态表示为当前创新资源错配程度,由此可大致算出单一创新资源在区域间和行业间的配置效率。

2. 单一资源错配系数的测度

该测度根据 Hsieh & Klenow 资源错配框架推导出创新资源错配系数测算公式,进行分行业、分区域创新资源错配测算,并以此对区域间、行业间的错配进行深度分析。

3. 创新资源综合配置效率 TFP_{RD}的测度

该测度依据 Aghion & Howitt 的内生经济增长理论的思想,将创新过程视为一般生产过程,对各区域的创新生产过程的多资源配置通过投入产出的方式,利用 Malmquist 指数进行综合配置效率 TFP_{RD}的测算,进一步分析创新资源综合配置效率调整所能带来的产业结构优化及经济增长的潜力。

1.2.4　我国创新资源配置与产业结构的空间错配

通过产业结构高级化指数对各地区产业结构发展状况进行测度,结合前文对创新资源配置的测算结果,利用空间耦合协调度的逆运算方法对区域间创新资源配置与产业结构优化的空间错配进行测度,从而反映我国区域间的产业结构高级化与创新资源配置空间分布及空间不协调性或错配性的程度。

1.2.5　我国创新资源配置对产业结构优化及经济增长的作用机制研究

利用链式多重中介效应模型,借助区域创新驱动力这一中介因素,构建“创新资源配置有效—创新驱动能力增强—产业结构升级—经济增长”链式中介渠道,探讨创新资源配置对产业结构升级及经济增长的作用机制，进一步验证创新资源配置与产业结构优化的空间关联性。

1.2.6 我国创新资源空间错配修正模拟研究

资源错配是区域发展与总体增长之间潜在权衡的表现，一定程度的错配是允许的，而一旦错配程度过高的话，则会在触发空间资源分配严重不平等的情况下阻碍整体发展，造成恶性循环。本书利用系统动力学模型模拟创新资源配置的影响路径，测算东、中、西部地区创新资源配置变动对产业结构升级及经济增长产生的影响，依据模拟结果讨论东、中、西部地区产业结构优化和创新资源配置的修正路径选择。

1.2.7 政策建议

结合本书的研究结论，从体制机制改革、政府市场角色定位、区域产业布局与创新资源配置引导、创新资源平台建设与信息公开、提升基础性研究和高校创新主体地位、建立多层次科技创新服务体系等方面提出了政策建议。

1.3 研究方法和技术路线

1.3.1 描述统计法

本书在对创新资源配置现状进行梳理时，主要基于描述统计分析方法，运用统计图和统计表分别对 R&D 人员、R&D 经费以及创新活动的物资和成果的配置现状进行了描述和分析，找出我国创新活动中资源配置存在的问题，为创新资源错配的研究提供依据。

1.3.2 指数测度

本书运用多种方法从单一要素、多要素等角度对创新资源配置状况进行测度,分别测算了 Lilien 指数、错配系数及创新资源配置综合效率,多角度对我国产业间、区域间创新资源配置的状况进行对比研究,这些测算结果都基于指数的构建。同时,通过构建产业结构高级化指数和区域创新驱动力指数,探讨各区域创新驱动对产业结构和经济增长的驱动作用和效应,进而分析创新资源配置对创新驱动的影响。

1.3.3 关联性测度

本书结合经济地理的空间视角,分别运用空间耦合度模型、链式中介效应模型、空间计量模型等测度研究对象的关联性。运用空间耦合度模型进行逆运算,测度区域创新资源配置与产业结构之间的错配性;运用链式中介效应模型测度“创新资源综合配置效率提高—创新驱动能力增强—产业结构升级—经济增长”这一链条的作用机制;运用空间计量模型验证中介效应中第一环节创新资源配置对创新驱动的空间效应,深入探讨区域在创新资源配置中的非均衡性。

1.3.4 数据模拟

为分析创新要素配置对产业结构优化及经济增长的影响,本书基于链式中介效应模型,将创新资源配置对创新驱动、产业结构升级以及经济增长等作用形成一个循环链条。同时创新性地引入创新资源配置作为外部冲击,构建系统动力学模型模拟影响路径,分析不同区域创新资源配置调整对产业结构及经济增长带来的冲击,从而寻找创新资源错配修正的有效途径。

本书的研究技术路线如图 1.1 所示。

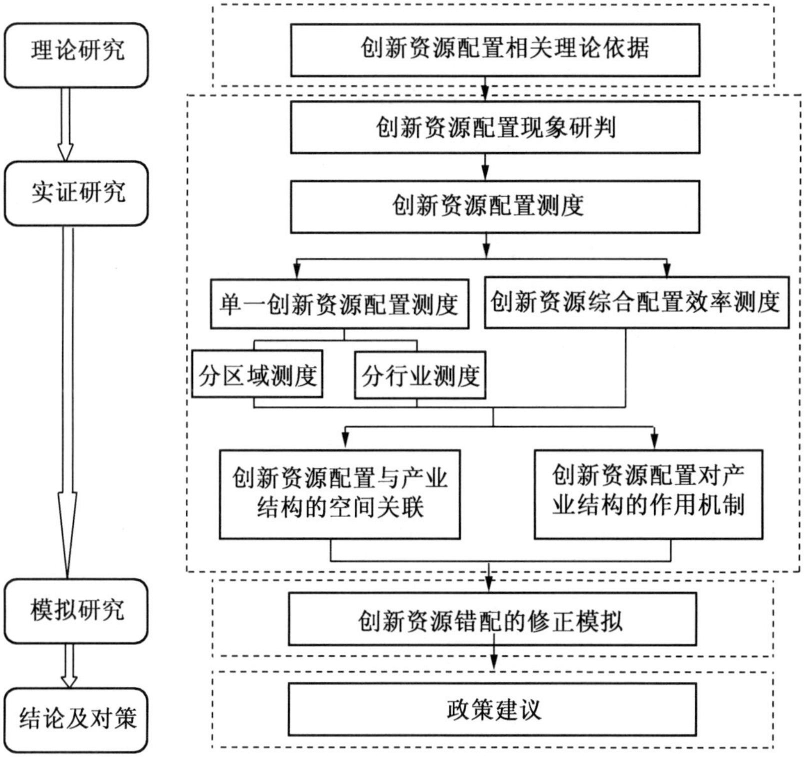

图1.1　技术路线图

1.4　研究创新点

1.4.1　突破传统产业内部资源配置研究，进行多维度创新资源配置测度

利用Lilien指数动态测算反映R&D人员和R&D经费这两种创新资源的单一配置效率；在Hsieh & Klenow资源错配框架下，对R&D人员和R&D经费投入进行分区域和分行业的单一错配系数测度；将

创新生产过程视为创新资源投入产出过程，测算 R&D 人员和 R&D 经费的创新资源综合配置效率 TFP_{RD}；从单一资源配置到多资源配置，从产业间配置到区域间配置，找出我国创新资源配置的空间分布带及规律，反映我国目前区域创新资源配置现状及存在的问题。

1.4.2 借助空间耦合协调度和链式中介效应，时空结合探讨创新资源配置与产业结构的关联性

利用 R&D 人员和 R&D 经费配置的各种测算指数和产业结构高级化指数，从时间和空间两个维度测算创新资源配置与产业结构的空间错配程度，以反映二者之间的空间非协调性。在探讨创新资源配置对产业结构影响的机制时，利用面板数据，通过链式中介效应模型对“创新资源综合配置效率提高—创新驱动能力增强—产业结构升级—经济增长”这一链条的中介效应进行检验，证明创新资源的有效配置会提高区域创新驱动力，进而会提高对产业结构升级和经济增长产生的正向连锁效应。

1.4.3 弥补重结果不重过程的研究不足，对创新资源错配调整进行动态模拟研究

传统经济学将技术创新视为生产过程的一般条件，本书结合内生经济增长理论，视创新过程为新的生产过程，尝试运用系统动力学模拟构建创新资源配置对产业结构升级及经济增长的影响模型，通过数据模拟讨论分区域创新资源配置对产业结构优化和经济增长的影响及修正路径，保证结论和政策建议更具有效性和说服力。

第2章 相关研究综述

资源错配是资源配置研究中的核心内容。资源错配的概念最早源于 Kain(1968)对美国住房、就业和城市建设之间的微观研究。“错配”(Misallocation)是针对“有效配置”而言的,理论上“错配”的定义是市场不完善,资源无法在国民经济中实现帕累托最优状态。传统的经济理论在完美市场假设且要素自由流动的前提下研究经济增长,现实中该假设并不能满足,所以对资源错配的研究引起了学者们对传统经济理论的思考和修正。

较为经典的三篇论文内容为:

Syrquin(1986)从资源配置的视角推广了 Solow 的增长核算框架,把全要素生产率(TFP)的增长分解为行业 TFP 的增长以及要素的配置效应,这一框架被广泛应用于分析结构变化的影响,对资源错配的进一步研究起到了重要的引导作用。

Hsieh & Klenow(2009)构建了含有异质性企业的垄断竞争模型,引入价格扭曲来定义产出扭曲和资本扭曲,以利润最大化为目标,定义了用收入表示的企业全要素生产率(TFPR)和用收益表示的行业全要素生产率(TFP),用 TFP 的离散程度度量资源配置的有效性。

Aoki(2012)构建了一个基于多部门一般均衡模型的资源错配的

核算框架,用于解释资源错配对发达国家生产率差异的影响。

这三篇代表性文献主导了21世纪以来资源错配的研究,也使得资源错配的思想逐渐成为各国学者关注的热点,并广泛应用于经济生产领域和科技创新领域的研究。本书分别从资源错配的内涵,创新资源错配的内涵,创新资源错配测度、根源及修正几个方面对相关文献进行梳理。

2.1 资源错配的内涵

在完全竞争市场中,消费者追求效用最大化,生产者追求利润最大化,各部门及企业间所有要素的边际产出均相等,将会达到资源最优配置的一般经济均衡,是帕累托最优状态。而"错配"是指资源配置并没有达到这种最优配置状态,存在无效率状态,从而存在不合理之处,整个社会并没有达到潜在产出。

关于资源错配,Banerjee & Moll(2010)区分了粗放型和集约型资源错配,将粗放型资源错配定义为在一个经济体内所有企业的生产要素边际产出均相等的条件下,仍能够通过重新分配要素带来产量提升的情况,并证明了在相当普遍的条件下,前者应渐渐消失,而后者可能持续存在。陈永伟(2013)将这种错配称为外延型资源错配。与粗放型错配相对应的是集约型资源错配,又称内涵型资源错配,指各部门及企业间的边际产出不全相等造成的资源非有效配置,存在优化配置、提高总产出的空间。直观来讲,集约型资源错配(内涵型资源错配)不考虑市场中企业的进入与退出,可以理解为在位企业之间的资源错配;而粗放型资源错配(外延型资源错配)考虑企业的进入与退出,可以理解为在位企业、进入与退出企业之间的资源错配。本书的研究只考虑集约型资源错配。

2.2　创新资源错配的内涵

20 世纪 70 年代梅多斯等人在《增长的极限》一书中指出，在以资源消耗为主要特征的资源社会形态中，随着人类经济增长所依存的各种资源的不断枯竭，人类正面临着危机，并预言未来将会有一种可替代自然资源的新资源，以“维持”社会经济的长期发展，但没有说明这种“新”资源是什么。萨缪尔森（1999）提出创新资源的早期描述，是一种可替代“自然资本”的“其他形式资本”，是一种与传统自然资本不同的“经过深加工的资本”，这种资本应该包括更多的科学家、高素质人才或包含各国信息的图书馆。经济学家们的这种“新的”资源形态就是创新资源，是一种以新技术、新知识和创新人才等为主要内容的全新的资源形态。1993 年，世界银行首次明确“创新资源”这一概念是创新能力的外在表现，是科学技术进步的源泉，可以综合表达为企业技术创新活动中需要的各种资源投入的总和，直接或间接推动科学技术进步，从而促进整个社会的经济发展；且创新资源是多要素的集合，不同要素间相互作用形成一个系统，包括人力、物力、财力各方面的投入要素。其中人力资源主要指直接从事研发或新活动或为研究开发和创新活动直接服务的人员，财力资源通常指研发或创新活动中投入的经费。这一概念的明确加速了 20 世纪 90 年代对创新资源的研究，一定程度上推动了科技创新领域的研究热潮。学者们在研究中对其赋予不同的名称：科技资源、技术创新资源和科技创新资源等（王亮，2010）。

创新资源具有其独特的特点：其一，不同于传统的自然资源，创新人才需要通过后天学习获得新知识、新技术等，物力在某种程度上也是一种创新产出，从而创新资源并不是先天形成的；其二，创新资源及其产出不同于私人物品，是不具有排他性的，且具有外溢性；其三，不同于传统自然资源，创新资源是可再生的，其利用是不受环境、时间和空间的限制；其四，创新资源的作用具有过程性，现在的创新产出是过去研发活动积累的过程，更是对以后创新产出的积累；其五，不同于资本资源或劳动力资源，创新资源的存在形态多样化，既有物质形态的科研仪器、设备等，也有非物质形态的产权、专利等，从而依据不同的标准，创新资源会有不同的划分，具有代表性的研究分类见表2.1。

表2.1　现有文献中关于创新资源分类汇总

作者	创新资源分类
郑春东等(1999)	研究开发投入(经费、人员、设备)和非研究开发投入
周寄中(1999)	人力资源，财力资源，物力资源，信息资源
王海燕(2000)	资金，知识，人力
朱付元(2000)	人力资源，财力资源，物力资源，信息资源，组织资源
师萍，李垣(2000)	科技财力资源，科技人力资源，科技物力资源
孙宝凤，李建华(2001)	一般意义的劳动力、专门从事科学活动的研究人员，资金，信息等
陈宏愚(2003)	基本要素(包括科学知识、技术、市场信息等)，主体要素(包括企业家、技术专家、政府)，体制要素(包括制度、机制、法制等)，投入要素(包括资金、设备等)，环境要素(包括市场、投资、文化等环境)
张聪群(2004)	信息资源，人力资源，资金资源，组织、制度和政策资源
曲然(2005)	创新知识，创新人力，创新财力，创新物力
刘凤朝等(2011)	创新财力资源，创新人力资源，创新知识资源
范斐等(2012)	科技人力资源，科技财力资源，科技信息资源
戚湧等(2013)	创新财力资源，创新人力资源，科技创新环境
秦宇(2017)	创新人力资源，创新财力资源，创新物力资源，创新信息资源

虽然创新资源不受环境、时间、空间的限制,是一种典型的“可再生资源”,但就某一时点的一定空间内创新资源还是有限的,即稀缺的。这种稀缺导致对创新资源的竞争,加上创新资源分布的非均衡性,导致其具有流动性特征,而这种流动性为创新资源的配置提供了可能性。创新资源配置是指在一定的条件下,创新资源的管理主体按照一定模式将创新资源进行分配的过程与结果,包括创新资源的分配规模、结构,不同的配置方式会产生不同的效率(曲然,2005)。在经济领域的生产过程中,决定劳动生产率的一个重要因素就是技术水平的高低,而与技术水平密切相关的就是创新资源配置,它在生产过程中起到至关重要的作用。在创新系统中,人力与财力等要素之间不断进行交流,相互影响并相互作用。企业生产者希望通过研发活动获取创新资源红利以追求利润最大化,如果各部门及企业间所有创新资源的边际产出均相等,将会达到创新资源最优配置的一般经济均衡,是帕累托最优状态。而创新资源“错配”是指创新资源配置并没有达到这种最优配置状态,而是更多地流向一些低效率的企业或行业,从而存在不合理之处,整个社会的创新效率未达到预期效果,创新产出没有达到潜在产出。因此对创新资源配置效率及错配程度的测度就显得尤为重要,它决定了如何了解和把握各类创新资源之间的关系以及在创新过程中发挥作用。

2.3　创新资源错配测度、根源及修正

2.3.1　创新资源错配测度

在创新资源错配测度的研究中,学者们一般从两个角度进行研究:一是测度创新资源配置效率,从配置低效率反映错配的存在;二是直接对错配进行测度。

1. 创新资源配置效率测度

尼尔森(2012)对比了 15 个国家和地区经济体的创新体系,比较

科技资源在不同国家的配置方式及配置效率，展现了各创新体系的差异性及相似性。国内学者对创新资源配置效率的研究方法主要有数据包络分析(DEA)、指标体系综合评价法、随机前沿分析模型(SFA)等。

(1)数据包络分析(DEA)。

李双杰等(2006)研究制造业技术创新效率，梁平等(2009)研究我国高新技术产业创新效率动态变化，董明涛(2014)研究农业科技创新资源配置效率，均使用 DEA-Malmquist 指数方法。杨洪涛(2009)基于上海市科研机构数据，用数据包络分析(DEA)中 C^2R 模型和 C^2GS^2 模型研究科研机构科技资源配置综合效率和技术效率，结论是大部分社会人文科学科研机构的科技资源配置效率总体水平较高，个别机构科技资源配置效率低下。陈修颖和陈颖(2012)基于浙江省 11 个地级市数据，用 DEA 方法测度 11 个地级市的科技资源配置相对效率，发现其科技资源配置效率存在明显的区域非均衡性。戚湧等(2013)基于 2003—2012 年江苏省及其 13 个城市的数据，用 DEA-Malmquist 指数研究江苏省创新资源整合共享效率，结果显示江苏省创新资源整合共享效率总体上处于不断上升的趋势，技术效率指数衰退使得 TFP 指数下降，从而存在一定创新资源错配现象。黄海霞和张治河(2015)用数据包络分析方法，构造和交叉评价模型，测度 2009—2011 年战略性新兴产业科技资源配置效率，结果显示科技资源配置效率整体不断提高，但同一产业内及不同产业间仍存在较大差异；各产业综合技术效率、纯技术效率、规模效率及资源配置效率间存在显著相关性。孙夙鹏(2016)从质和量两个方面构建评价体系，研究区域创新资源配置系统的差异性，用因子分析方法和 DEA 方法探讨区域创新资源配置绩效，结果表明我国各省份间创新效率差异性较大，一半以上的省份创新资源配置无效率。王聪等(2017)、范德成和杜明月(2018)均将科技资源配置过程分为科学技术研发与转化两个阶段，前者基于 2008—2014 年京津冀地区科技活动数据，利用超效率 CCR 模型，测度北京、天津、上海及全国研发阶段科技资源配置效率和转化阶段科技资源配置效率，发现科技资源配置效率在两个极端及不同地区间存在差异;后者基于 2011—2014 年高端装备制造业及七大子行业科技活动相关数据,用随机非参数数据包络分析法(StoNED)测度技术创新资源配置整体配置效率、技术研发阶段配置效率和技术转化阶段配置效率,研究发现高端装备制造业技术创新资源整体配置效率和技术研发阶段配置效率处于中等水平,技术转化阶段配置效率处于较高水平,且各子行业间资源配置效率存在异质性,从而技术创新资源配置还存在一定缺陷。

(2)指标体系综合评价法。

范斐等(2012)基于 1998—2010 年面板数据,根据突变级数法获得分地区科技投入综合指标和科技产出综合指标,进一步得到分地区科技资源配置相对效率,基于比较优势原理,采用 NRCA 模型,获得各地区各科技资源要素配置效率的相对比较优势,结果表明历年来各地区整体配置效率都有所提升,但空间差异的分布格局变化不大,各地区科技人力资源、财力资源和信息资源配置效率的比较优势是影响区域科技资源配置效率的直接原因。魏章进和宋时蒙(2017)基于 2002—2014 年面板数据,从 R&D 投入、R&D 产出和 R&D 影响因素三个维度构建了 R&D 资源配置水平指标评价体系,利用熵权 - TOPSIS 法测度各省份 R&D 资源配置水平的综合指数,用 GIS 可视化分析、Dagum 基尼系数及按子群分解方法和 Kernel 密度估计法等不同方法重点分析 R&D 资源配置水平的空间差异及分布的动态演进。尹夏楠等(2020)以新一代信息技术产业为研究对象,基于我国各省份 2016 年科技活动相关投入和产出评价指标,用熵权技术对各评价指标赋权,用 TOPSIS 方法从金融资源分配导向(科技活动投入评价指标)和创新成果效益导向(科技活动产出评价指标)两个维度计算距离理想解的贴合度。结果表明,各省份信息技术行业的资源配置效率均未达到理想状态,将各省份资源配置效率分为四个梯队,发现两个维度的结果趋于一致;我国各省份创新成果效益导向的配置效率普遍低于金融资源分配导向的配置效率,表明我国对科技资源偏重于投入,忽视了科技成果及其效益转化。

(3)随机前沿分析模型(SFA)。

汪朗峰和伏玉林(2013)用随机前沿模型研究科技资源配置和相关制度对高技术产业发展的影响,认为应当根据生产要素产出效率的大小进行科技资源配置,而不仅仅是加大科技资源投入。程时雄和柳剑平(2014)基于1993—2008年我国工业分行业数据,采用随机前沿生产函数分析R&D资本存量及技术人员对R&D产出效率的影响,发现我国分行业R&D产出效率随时间提高但仍处于较低水平,除国外其他行业R&D投入对产出效率没有影响外,本国本行业、本国其他行业、国外本行业R&D投入均显著促进R&D产出效率的提高。戚湧和郭逸(2015)基于2010—2012年全国各省份面板数据和2009—2011年江苏省各地级市面板数据,用SFA模型测度科技资源配置效率,结果显示我国科技资源配置效率较为低下,江苏省内科技资源配置效率差异较大,苏南配置效率最高,苏中次之,苏北资源配置效率最低。白俊红和卞元超(2016)参考Kumbhakar & Lovell(2003)的思想,利用随机前沿生产函数模型,采用超越对数生产函数,考察劳动力要素市场扭曲和资本要素市场扭曲对我国创新生产效率损失的影响效应。结果显示,消除劳动力市场和资本市场的扭曲会使创新生产效率分别提升10.46%和20.55%。吴佐等(2014)沿用Dollar(2007)的思路,基于2005—2007年我国工业规模以上企业数据,用研发资本回报率作为研发资源错配程度的代理变量,发现消除不同所有制企业之间的研发资本错配现象后,研发产出将提高2.9%~6.4%。焦翠红等(2017)基于2001—2014年制造业数据,用OP协方差测度制造业R&D资源配置效率及分子行业资源配置效率,并用BHC分解方法和GC分解方法分解OP协方差,发现我国R&D资源配置效率呈恶化趋势但恶化速度放缓,且行业间R&D资源错配是资源错配效率恶化的主要原因。

2. 创新资源错配测度

2000年以来,国内外学者开始借鉴生产领域资源错配测度框架,将创新过程视为创新资源的投入产出过程,将测度一般生产过程的生产函数引用到创新资源、科技资源错配问题中,直接测算其错配程度。Kortum & Lerner(2000)以美国20个产业1965—1992年的数据为样本,将R&D经费投入与风险投资一并视为创新生产过程的资本投入,考察了风险投资对技术创新的影响。他们选用专利申请量、风险投资额、R&D投入为变量,建立了专利生产函数 $P_{it}=(R_{it}^{\rho}+bV_{it}^{\rho})^{\alpha/\rho}u_{it}$,其中 P 代表专利申请量,R 代表企业R&D投入,V 代表风险投资,i 代表行业,t 代表时间。Tykvova(2000)以德国1991—1997年的58个观测值进行分析,采用了与Kortum & Lerner相同的生产函数。其研究结论认为,创新资本投入每增加一倍,全国的专利申请量增长12%,创新资本积累确实对技术创新有正向促进作用。翁宏标和王斌会(2011)运用柯布－道格拉斯生产函数和索洛余值法测度我国R&D人员和经费作为创新投入对专利产出的贡献度,结果显示R&D经费的贡献度是R&D人员全时当量贡献度的3倍以上。杨震宇(2015)将研发资本纳入生产函数,沿用Hsieh & Klenow(2009)思路,测算1998—2008年研发企业(研发费用大于0)中研发资本、物质资本和劳动的相对扭曲程度,发现我国中西部地区、重工业、国有成分企业的研发资本错配更为严重。秦宇等(2018)参考陈永伟(2011)的理论框架,将科技资源分为财力、人力、物力和信息资源四类,用2004—2008年相关数据测算分行业、分地区、分所有制企业间科技资源相对错配程度及造成的效率损失,发现我国科技资源中信息资源配置严重不足,财力资源过度,四类科技资源错配在地区、行业、所有制间具有异质性,科技资源错配造成的产出缺口达20%。靳来群等(2019)利用2005—2015年工业数据,用随机前沿生产函数估计创新生产函数,计算物质资本投入(研发经费)弹性和人力资本(研发人员)投入弹性,发现创新资源的区域结构性错配最为严重,其导致创新效率及产出损失17.4%;所有制结构错配导致创新效率及产出损失6.56%;行业间错配导致创新效率及产出损失0.53%。总体而言,直接测度创新资源错配的研究成果较为有限。

2.3.2　创新资源错配的根源

学者们将创新资源错配的根源更多地归因于市场和制度层面。

Leoncini(1998)对比了德国和意大利的创新体系,发现制度和政策对技术进步的作用会影响科技资源配置的路径。师萍和李垣(2000)认为市场是科技资源优化配置的客观载体和决定性因素,科技市场环境与一般市场环境相同,都是由制度因素构成,科技资源体系中制度的作用在于它能创造并调整各种交换流,促使科技资源的系统内各部分协调发展。我国由于科技资源投入不足和结构分散,影响了科技资源配置。许庆瑞(2010)提出创新资源要素在发展过程中由于自身条件会形成一定的差异性,它们之间需要通过相互作用形成协同,从而提高创新能力。由于我国在很长一段时期内实行计划经济体制,国家干预创新资源配置,其协同机制必然受到影响,直接导致创新资源投入与产出不匹配。唐泳与赵光洲(2011)提出我国科技资源配置方式主要有计划型和市场型两类,不利于资源的合理分配,容易导致资源浪费。翟静和卢毅(2015)将科技资源配置模式按政府干预程度划分为三个类型:自由市场型、行政引导型和社会市场型;认为计划和市场二者应该在科技资源配置上起互补作用,政府、资源所有者、科技中介等要在科技资源配置中确定一定的规矩,从而对科技资源市场配置机制起到稳定作用。除去政府创新资源“投入目标”干预外,市场结构、专利制度、对外开放政策、科技补贴政策、金融信用体系、经济体制都可以对创新资源配置形成创新生产过程的外部冲击(Hoekman 等,2005;Ratchford & Blanpied,2008;Park & Ryu,2015)。吴传俭(2016)认为在国家通过资源配置权力中心或者市场价格机制对其掌握的资源进行委托配置的过程中,总是存在政府失灵与市场失灵引发的资源错配问题。焦翠红等(2017)发现政府补贴对 R&D 资源配置效率的影响呈倒 U 形,且大部分行业处在倒 U 形左侧,政府对创新活动的补贴短期内可以促进资源配置效率提高,但长期来看不利于资源配置效率的提高。祝平衡等(2018)、聂辉华和贾瑞雪(2011)、Bartelsman 等(2013)用 OP 协方差方法测度资源配置效率,同时得出创新资源配置效率在政府行为下存在异质性的结论。李欣益(2017)、傅小龙(2019)等提出政府应加大资金投入,设立人才专项发展基金,完善人才服务保障体系,加强人文关怀,强化资源配置优化理念,采取多种手段创造优质的就业环境。周海波等(2017)沿用 Hsieh & Klenow 模型,用1999—2007年工业企业数据,计算各地区总体资源配置效率,检验产业结构、市场分割程度以及地区分工水平等对交通基础设施影响资源配置效率的中介效应,探究传导机制。范德成和杜明月(2018)用 Tobit 模型分析高端装备制造业技术创新资源配置效率的关键影响因素,发现企业规模对技术研发阶段资源配置效率有负向作用,对技术转化阶段资源配置效率具有正向作用;市场集中度对整体和技术转化阶段资源配置效率有正向作用,垄断不利于技术创新资源有效配置;政府支持对资源配置效率具有负向作用,应充分发挥市场作用。赵静(2020)以皖北地区不断优化的创新创业环境和不断投入的科技资源为背景,从科技资源管理体制不合理、科技资源总量不大、科技资源开放共享程度低和创新主体角色错配等方面分析皖北地区创新不足、资源存在错配的原因。

2.3.3 创新资源错配的修正

近几年,学者们针对创新资源错配的优化及修正路径问题展开了研究。总体看分为两大类:一类是理论和政策研究层面,集中在调节市场配置资源和政府宏观调控的关系、构建产学研合作机制并推动科技资源的共享与利用、重视科技成果的转化;另一类是通过数据模拟探讨创新资源配置的优化路径。

在理论政策研究方面,以下几位学者的成果具有代表性:史安娜和徐巧玲(2015)提出科技全球化使科技创新资源的优化配置问题日益成为各国、各区域科技管理部门关注的焦点,不同区域或同一区域在不同时期科技资源配置效率不尽相同,盲目照抄其他先进地区的作业是不可取的,各区域需根据自身具体情况采取有针对性的措施,动态地调整科技资源配置政策。吴传俭(2016)从政府审计的角度提出经济资源错配修正路径,认为政府审计隶属于国家最高权力机关,可通过完善政策法规、构建更加完善的多元审计主体参与的国家审计治理体系、提高资源配置审计监督评价的技术手段等途径,修正资源错配问题,不断优化资源配置效率,使各类资源实现合理有效的匹配。结合京津冀三地科技资源配置效率特点，王聪(2017)提出各地需明确功能定位，北京研发阶段科技资源配置具有优势，可以打造科技创新中心；天津则需加强与京冀地区合作，充分发挥转化阶段的资源配置效率优势；河北科技资源配置效率低，应全方位拓展与北京、天津地区合作的广度与深度，加快产业转型升级与发展，从而实现错位与融合发展，优化京津冀地区间科技资源配置。黄蕊和金晓彤(2018)从后发优势理论角度提出了优化落后地区创新资源配置模式的可行路径，在宏观层面构建跳跃式梯度转移机制以使技术创新向落后地区辐射，在中观层面构建产业关联式梯度转移机制以促进创新资源流动，在政策层面构建基于创新资源贡献度的补偿机制，有据可依地制定科技扶持政策，从而释放落后地区的后发优势潜能，缓解我国区域经济非平衡非充分发展的现状。尹夏楠等(2020)用金融资源分配导向和创新成果效益导向两个维度的科技资源配置效率，构建四分位象限图，并分析各省份资源配置效率差异及原因，提出重视科技成果转移转化任务、政府强化顶层设计以引导资源配置，搭建资源开放与共享平台以增强知识外溢，打破省域之间经济发展壁垒，优化整体科技资源配置。戴显红和侯强(2020)在供给侧改革视野下研究区域科技创新资源的优化配置问题，科技创新资源的供给侧结构性改革是从供给侧入手，针对科技创新资源存在的结构性问题而推进的改革，必须发挥市场配置资源的主体性作用，从源头上增强区域创新的供给，构建高效的科技创新供给体系；同时要加强创新链与产业链、资金链之间的对接，加快培育和发展战略性新兴科技产业，建设好科技成果向现实生产力转化的载体。赵静(2020)以皖北地区不断优化的创新创业环境和不断投入的科技资源为背景，提出有必要优化共享渠道、搭建产学研联盟以促进整合科技资源，构建科技资源交易体系以推动科技服务市场化，从而优化皖北地区科技资源配置，促进区域协调发展。

在数据模拟研究中，早期的 Winkofsky 等(1981)提出了一个针对 R&D 资源配置并混合了分散 R&D 资源分配进程中许多描述特征的决策进程模型，该模型有在包括 R&D 项目的分散资源分配进程中适应调和试验法的模拟能力，这一优点使其成为企业或政府在政策分析中的重要工具。Hegazy(1999)引入了遗传算法技术，能够在一定给定条件下寻找创新资源配置的最优解。曲然(2004)利用系统动力学，通过确定区域创新系统的因果关系并构建模型，对吉林省区域创新系统运行进行仿真模拟，探讨了吉林省区域创新系统内创新资源的综合配置战略，包括主体建设战略、创新环境战略等。李双杰等(2006)通过确定创新资源投入产出，利用 DEA 模型寻找最优配置组合。Samara(2010)采用系统动力学(SD)方法建立了一个国家创新系统(NIS)模型，将系统方法、计算机建模和仿真学科集成到 NIS 的整体动态考虑中，并以希腊为例进行实证分析，研究发现创新政策对创新系统绩效具有显著影响。刘丽萍等(2011)运用计量模型和关联度分析，估计了创新资源配置的相关关系，通过分析不同因素的发展态势，给出创新资源配置的未来路径。冯陈澄(2014)利用系统动力学方法模拟科技经费、人员和政策投入等资源配置效率，并给出我国科技资源配置的优化路径。

综上，可以看出国内外相关研究存在的不足之处有：第一，创新资源空间错配理论对区域性资源配置研究具有明显优势，上述文献更多的是对产业内部及产业间资源要素错配内在关联性进行简单测度，没有考虑资源要素在区域间流动时资源错配与产业结构的空间布局之间所产生的关联效应，即在我国创新资源空间错配研究方面有待开发；第二，创新资源配置所形成的创新驱动对于一个国家或地区的经济增长是至关重要的，不仅有研发资本、研发劳动力资源等多种因素，还有政策历史形成及引致因素，欠缺对我国创新资源布局的历史成因及配置状况的梳理；第三，现有研究并没有回答目前的创新资源“错配”是不是真正的“错配”，“错配”对产业结构的影响程度以及修正后的效果没有涉及。第四，创新资源错配的修正只是从理论层面探讨，没有对错配的修正路径进行实证分析，对创新资源错配修正及产生的效应缺少数据支撑。

作为最大的发展中国家和转型国家，我国的资源错配问题受到国内外学者的广泛关注。经济转型的关键之一是调结构，其关键点就是创新。我国当前的创新资源要素错配与失衡的产业结构对经济增长的扭曲程度到底有多大,意味着未来我国经济增长的潜力将有多大。我国还存在大量潜在的资源红利,在经济转型的关键时期,研究产业结构调整过程中创新驱动资源的空间错配问题显得尤为重要。本书在借鉴前人对劳动力、资本等一般生产要素配置研究思路的基础上,引入各类创新资源,探讨这些资源在产业结构调整过程中的错配问题,给出目前我国创新资源错配的真实状况及其对产业结构和经济增长所产生的影响,探讨这种错配的修正机制和路径,挖掘我国经济的增长潜力。

2.4 本章小结

本章主要根据国内外的研究成果总结创新资源错配的研究现状,通过梳理可以看出,目前对于创新资源的错配主要借鉴了一般生产过程的错配视角,从错配的测度、根源和修正几个角度进行研究。关于创新资源错配与产业结构关系的研究成果尚有不足,本书将在借鉴现有的研究成果基础上,进一步尝试新的研究思路,为创新资源配置领域的研究提供具有参考价值和可行性的研究方法。

第3章 创新资源配置效应及错配理论模型

技术创新活动主要是指研发(R&D)活动。根据经济合作与发展组织(OECD)的定义,R&D 活动是指在一个系统基础上进行的创造性工作,用以增加知识的积累,包括人、文化和社会,并用这些积累去设计和开发新的应用。这个定义将 R&D 活动区分为三个类型:基础研究、应用研究和试验开发。基础研究是通过实验或理论基础的研究获取潜在的现象以及可观察到的事实中的新知识,没有任何特别应用或使用。应用研究也是在进行原始调查的基础上获得新的知识,但它是直接针对某一个目的或某一个项目。试验开发是一项系统工作,其利用研究和实践所获得的知识生产新的材料、产品和服务,或装备新的过程、系统和服务,或提高现有生产或装备的潜力(陈治,2010)。创新资源的有效配置有助于支持企业在创新过程中形成对外部知识的有效快速地吸收能力,其投资过程可以看成是学习过程的扩张。因此,它们对生产力增长的贡献可以通过两个方面来评价:一是通过创造新产品或过程对生产力的直接贡献;二是通过发展吸收新知识、新技术的能力对生产力增长所形成的间接贡献。

本章借鉴 Aghion & Howitt (2004)内生经济增长理论视角下的技术创新资源配置理论、新经济地理学中的自由资本模型及 Hsieh & Klenow(2009)的资源错配理论,详细阐述技术创新活动中创新资源对经济增长的效应以及创新资源错配理论与模型的构建。

3.1 内生经济增长理论

在众多学派与观点中,学术界对技术创新理论研究以内生经济增长理论为主。本节主要借鉴 Aghion & Howitt(2004)的思想,从内生经济增长理论的角度探讨创新资源要素对经济增长的作用。Aghion & Howitt 认为资本积累和创新不应当是增长过程的两个不同的驱动因素,而是同一过程的两个方面。因为新的技术几乎总要体现在新的物质资本和人力资本的形式中,而如果要使用这些新技术,就必须积累这些资本。所以,Aghion & Howitt 模型的一个关键假设是研发与资本和消费一样,都用劳动力和中间产品生产。本节主要分析稳定状态的均衡。

假设条件包括最终产品和中间产品假设。

最终产品的假设:

假设 1. 具有资本的多部门经济模型中,只有一种最终产品,这种最终产品被用于消费(C)、投资(I)和研发(N)三种用途。

假设 2. 最终产品要使用劳动和一系列连续的中间产品进行生产,用一单位的区间来代表;同时,消费、资本和研发的生产函数一样,都是用劳动力及中间产品生产。

假设 3. 最终产品市场是完全竞争的,且最终产品规模报酬不变。

在上述假设下,最终产品的生产函数为

$$Y_t = C_t + I_t + N_t = \int_0^1 Y_{it}\mathrm{d}i = L_t^{1-\alpha}\int_0^1 A_{it}x_{it}^{\alpha}\mathrm{d}i, 0 < \alpha < 1 \quad (3.1)$$

式中,L 为劳动力数量,每个 x_{it} 为 t 期第 i 种中间产品的数量,A_{it} 为第 t 期最新的第 i 种中间产品的生产力。

中间产品的假设:

假设 4. 中间产品部门是垄断型的市场结构,每种中间产品部门都被该产品最新换代品的专利持有者垄断。

假设 5. 中间产品的生产只使用资本品，不使用劳动。

假设 6. 中间产品是创新的结果，创新是垂直型创新，这些创新本身来自研发活动。

中间产品的生产者通过自主创新或者购买他人的专利，获取市场垄断地位。在被下一个创新者取代之前，中间产品生产者一直可以取得垄断利润。对于 i 部门垄断者而言，生产 x_{it} 中间产品需要使用 $A_{it}x_{it}$ 单位资本。因此，更新的技术（A_{it}）会促进资本密集化。总资本存量为 K_{it}，则中间产品的生产函数为

$$x_{it} = K_{it}/A_{it} \tag{3.2}$$

中间产品的厂商是该中间产品市场上的垄断者，假设每一个垄断者在一个完全竞争的市场上租借资本，租金率在 t 期为 ξ_t，则平均成本为 $A_{it}\xi_t$，利润函数为

$$\pi_{it} = p_{it}x_{it} - K_{it}\xi_t \tag{3.3}$$

由于最终产品市场是完全竞争的，所以中间品的均衡价格为其在最终产品生产中的边际产出，即

$$p_{it} = \alpha L^{1-\alpha}A_{it}x_{it}^{\alpha-1} \tag{3.4}$$

将式（3.4）和式（3.2）代入式（3.3），则垄断者最大化利润的供给为

$$x_{it} = (\xi_t/\alpha^2)^{\frac{1}{\alpha-1}}L_t \tag{3.5}$$

所以，在任何给定时点，所有部门 t 生产相同数量中间产品 $x_{it} = x_t$。在式（3.2）、式（3.4）和式（3.5）的基础上，垄断者的利润流可写为

$$\pi_{it} = \alpha(1-\alpha)L_t^{1-\alpha}A_{it}x_{it}^{\alpha} \tag{3.6}$$

设 A_t 为 t 时期各部门的平均生产力参数，$A_t \equiv \int_0^1 A_{it}\mathrm{d}i$。由于每个部门使用 $A_{it}x_{it}$ 单位资本，而总资本存量为 K_t，资本市场均衡要求：$K_t \equiv \int_0^1 A_{it}x_{it}\mathrm{d}i$。根据式（3.5），则上述三点综合为

$$x_t = k_t \equiv \frac{K_t}{A_t} \tag{3.7}$$

也就是说，在 t 时期每个部门中间产出的均衡流量值必等于资

本密集度 k_t。这与式(3.5)一起意味着

$$\xi_t = \alpha^2 (\frac{L_t}{k_t})^{1-\alpha} \tag{3.8}$$

因此,资本的租借成本与资本密集度成反比,这意味着一个历史决定的资本密集度增加将减少垄断者支付给资本的均衡租金率,可以理解为在一定的技术水平下,资本积累的边际收益递减的结果。由于资本密集度由资本存量与知识水平共同决定,因此,当资本积累速度高于创新速度时,资本密集度会增大,资本收益率会降低,中间产品的生产者资本租借成本降低;反之,当创新速度高于资本积累速度时,资本密集度会降低,资本收益率提高,中间产品的生产者资本租借成本提高。这一点具有重要的理论意义,当资本积累速度较快时,资本收益率会随之降低,意味着租借成本降低,会加快中间品生产者的融资速度,会有更多的资本进入,从而推动创新活动;而创新能够降低社会的资本密集度,提高资本收益率,使资本更有利可图,使更多的资本有意愿进入创新领域,有利于推动资本积累①。

将式(3.7)代入最终产品的生产函数式(3.1),可以得到柯布-道格拉斯加总生产函数为

$$Y_t = C_t + I_t + N_t = K_t^{\alpha} (A_t L_t)^{1-\alpha} \tag{3.9}$$

在这个生产函数中,总产出由资本存量和知识存量(与 A_t 成正比,代表创新)所决定。由于生产函数表现为对 K_t 和 A_t 规模报酬不变,以相同速度进行资本积累和知识积累能够防止二者的边际产出下降,从而实现经济的可持续增长。

对式(3.9)两边取对数,并对时间 t 求偏导可得总产出的增长率为

$$g_{Y_t} = \alpha g_{k_t} + (1-\alpha) g_{A_t} = g_{A_t} + \alpha (g_{K_t} - g_{A_t}) \tag{3.10}$$

根据式(3.9),当 $g_K = g_A$ 时,有

$$g_K = g_A = g_Y \tag{3.11}$$

---

① 李永辉. 金融体系与内生经济增长[D]. 上海:上海社会科学院,2008.

也即产出、消费、资本均以相同速度增长，记这一速度为 g。

研发部门使用劳动和资本品作为投入，在 t 时期，当 N_{it} 单位的最终产品投入到某一个研发部门以后，创新会以一个泊松抵达率 $\frac{\lambda N_{it}}{A_t^{\max}}$①随机出现，其中 λ 代表研发技术生产力参数，$A_t^{\max}$ 代表技术前沿参数，它表示 t 时期最先进技术的生产力。它是逐渐增长的，其增长率取决于总的创新速度。在任何部门 i，t 时期的每一个创新都允许创新者在最开始使用最先进的技术来进行生产。而部门 i 以前的生产者现在不再处于技术的前沿，会被取代。当这种情况发生时，该部门的技术参数 A_{it} 将会不连续地跳跃到 $A_t^{\max}$。记 $n_{it} \equiv \frac{N_{it}}{A_{it}^{\max}}$，$n_{it}$ 表示经过生产力调整的研发水平，即研发密集度。研发密集度表明，随着技术的进步，新技术变得越来越复杂，要使创新速度保持不变，研发投入必须不断增加，以跟上最新的技术进步。在经济中，从整体上看，每单位时间内有数量为 λn_t 的创新流。假设技术前沿参数增长率与这个总创新流成比例，而其比例因子为 $\ln\gamma$（γ 为技术参数的提高幅度），有

$$\frac{\dot{A}_t^{\max}}{A_t^{\max}} = \lambda n_t \ln \gamma, \quad \gamma > 1 \tag{3.12}$$

式(3.12)是决定社会知识增加的变化法则。其中每一个创新都使得技术前沿从 A_{t-1} 增加到 $A_t = \gamma A_{t-1}$，从而把技术前沿参数的对数值提高了 $\ln \gamma$。在这种情况下，预期的创新率为 λn_t，因此预期的技术前沿参数增长率为 $\lambda n_t \ln \gamma$。每一个新发现只会在创新者所选择的部门来实施，但这种发现可以通过增加其他创新者所能利用的总知识存量，从而允许下一个创新者在另一个部门发现更好的技术。

---

① 泊松抵达率 $\frac{\lambda N_{it}}{A_t^{\max}}$ 意味着 $\frac{\lambda N_{it}}{A_t^{\max}}$ 是该事件在每单位时间内可能发生的概率。

在任何时点上,经济的各个部门之间将会存在一个生产力参数 A_{it} 的分布,A_{it} 的数值介于 $0 \sim A_t^{\max}$,记相对生产力参数为 $a_{it} \equiv A_{it}/A_t^{\max}$。随着时间增加,该分布将会由于创新部门向上移动到 $A_t^{\max}$ 和技术进步提高 $A_t^{\max}$ 本身而逐渐向右移动,但该分布的形状不发生变化,技术进步导致绝对生产力参数 A_{it} 分布的同比例变化。所以,A_{it} 的增长速度与 $A_t^{\max}$ 相同,此即意味着

$$g = \lambda n_t \ln \gamma \tag{3.13}$$

由于 $x_t = k_t$ 和 $k_t = \dfrac{K_t}{A_t}$ 在稳定状态保持稳定,因此在 t 时期创新者所获利润将保持一个恒定的值:$\pi_{it} = \alpha(1-\alpha)L^{1-\alpha}A_{it}k^{\alpha}$,其中 k 为稳定状态下的资本密集度。稳定状态下 t 时期的一个创新价值将为下一个创新取代之前该流量的预期现值为

$$V_t = \frac{\alpha(1-\alpha)A_t^{\max}L^{1-\alpha}k^{\alpha}}{r + \lambda n_t} \tag{3.14}$$

其贴现率是市场利率 r 和创新率 λn_t(下一个创新出现的速度)之和,意味着根据过时因素调整了利率。如果在新一轮创新之后预期有更多的研发出现,下一轮创新的发明者所能享受的垄断利润的时间可能就短,所获创新收益可能就小。式(3.14)表明创新的价值为资本密集度的递增函数。这是因为创新的实施需要资本。相对于技术知识状态的资本越多,其均衡租金率就越低,所以归于租借资本的垄断者的利润越高。这种资本密集度对创新价值的正面作用是资本积累促进创新的一个渠道。

提高研发密集度 n 单位的边际成本为 $A_t^{\max}$,而收益为 λV_t,将二者取等号并同除以 $A_t^{\max}$,有研发-套利条件:

$$1 = \lambda \frac{(1-\alpha)\alpha L^{1-\alpha}K^{\alpha}}{r + \lambda n} \tag{3.15}$$

如果改变假设使劳动成为研发活动的唯一投入,在稳定状态下,劳动投入为 $L-n$ 而不是 L(n 单位劳动力用于研发),则稳态研发条件为 $w_t = \lambda V_t$ 或

$$w=\lambda \frac{(1-\alpha)\alpha(L-n)^{1-\alpha}K^{\alpha}}{r+\lambda n} \tag{3.16}$$

其中 $w=w_t/A_t^{\max}$。该式与式(3.15)基本相同,只是用 $L-n$ 替换了 L,加入总生产函数有

$$w=(1-\alpha)\Psi(L-n)^{-\alpha}k^{\alpha} \tag{3.17}$$

其中 $\Psi=A_t/A_t^{\max}$ 是一个固定比例。根据式(3.16)和式(3.17),可得新研发-套利条件为

$$\Psi=\lambda \frac{\alpha(L-n)}{\rho+\lambda n} \tag{3.18}$$

该条件决定研发水平 n,它独立于资本密集度 k。

如果劳动是研发的唯一投入,当资本密集度上升时,研发回报的上升将会伴随研发成果的上升,因为 k 的上升会提高劳动的边际产出,劳动的边际产出会提高研发的机会成果。两种上升均与 k^{α} 成比例,因此两个效应将相互抵消,从而使均衡的研发水平不变。

但是劳动并非研发活动的唯一投入,研发活动实际上使用了大量的资本。因此,当资本存量上升时,研发成本上升的比例将小于工资率上升的比例,也小于研发收益上升的比例。所以减少资本税率的总效果对研发有正面的作用,并促进稳定状态的经济增长率上升。换言之,研发不仅使用物资资本,还使用人力资本,如果这两类资本在生产中互补,那么对这两类资本之一征收税率的下降将致使二者都上升,而其后的产出上升将提高利润,这正是创新的回报。

综上,可以看出资本积累、研发劳动投入与创新是相互作用的,一方面,更多的资本和研发劳动投入将通过强化垄断者(创新所有者或中间品生产者)的垄断利润流而刺激创新;另一方面,更多的创新将通过提高生产力增长率而刺激资本积累。在长期经济中,这两个要素缺一不可,其配置合理与否对创新活动产生促进或抑制的作用,如果没有新投入,对资本的需求以及资本成本的增加又会抑制创新活动。因为如果没有创新,由于资本递减的回报率,新的投入将会受到阻碍,成本会增加,这种结论完全可以解释研发资本和劳动配置对创新的作用。

3.2 自由资本模型

在新经济地理学中，有两大类已经发展成熟的模型：一是经济关联类模型，二是知识关联类模型。Martin & Rogers（1995）提出的自由资本模型[①]（FC 模型，Footloose Capital Model）就属于第一类模型。在 FC 模型中，假定流动要素把所有收入全部返回到流动要素原来的所在地。如果将聚集力定义为经济活动的聚集进一步强化经济活动聚集的趋势，FC 模型则揭示了这种聚集现象。在 FC 模型中，聚集产生市场接近效应，它是指初始某一地区经济活动的集中（包括收入和支出的集中）将产生一种力量，这种力量吸引更多的产业集中于此地，形成一个更大规模的市场。Hsieh & Klenow 的资源错配理论模型属于宏观模型；而 FC 模型属于微观模型，它的最大价值在于能够处理区域市场规模和交易成本等外生性因素的非对称问题。在自主创新活动中借鉴 FC 模型，可以看到创新资本流动所产生的作用。

假定：（1）经济系统为一个两区域（北部地区和南部地区）、两部门（农业部门 A 和工业部门 M）经济系统，其中 A 部门完全竞争、规模收益不变，M 部门则是不完全竞争、规模报酬递增，分别代表了两类产业的科技创新活动特征；（2）创新资源在 A 部门投入要素为创新劳动力，A 部门的创新劳动力要素对称分布，M 部门则是投入创新劳动力要素和创新资本要素的组合，A 部门的创新劳动力不能流动，而 M 部门的创新劳动力和资本则可流动，创新资本要素的收益回归创新资本所在地；（3）区域间存在冰山交易成本；（4）创新成果消费者的效用函数为柯布－道格拉斯效用函数和不变替代弹性效用函数（CES 函数）。基于这样的假设，探讨交易成本、要素流动和聚集三者

---

① MARTIN P, ROGERS C A. Industry location and public infrastructure [J]. Journal of international economics, 1995(39):335-351.

之间的内在关系。

假定创新成果需求者的效用与需求函数为

$$U = C_M^{\mu} C_A^{1-\mu}, C_M = [\int_{i=0}^{n^W} c^{1-1/\sigma}{}_i \mathrm{d}i]^{1/(1-1/\sigma)}, 0 < \mu < 1 < \sigma \tag{3.19}$$

其中，C_M 表示 M 部门创新产品集合体的消费量；C_A 表示 A 部门（行业）创新品的消费量；n^w 表示经济系统中科技创新产品种类数；μ 表示创新总支出中支付在工业 M 部门创新产品上的份额；σ 表示消费者消费不同创新产品之间的替代弹性；C_i 表示消费者对第 i 种创新产品的消费量。假定消费者所面对的创新产品价格指数为

$$P_M = [\int_{i=0}^{n^W} P^{1-\sigma}{}_i \mathrm{d}i]^{1/1-\sigma} \tag{3.20}$$

假定 A 部门为完全竞争部门，且满足非完全专业化条件，在一般均衡条件下，A 部门创新产品价格和创新劳动力价格处处相等，标准化后可得

$$P_A = W_A = 1 \tag{3.21}$$

根据 CES 效用函数的特性，M 部门不同创新产品假设为充分可分，因此根据消费者的效用求出需求量，间接获得产出量。由消费者效用函数的效用最大化的一阶条件可知，M 部门创新产品的消费份额是 μ，则可知 M 部门创新产品消费的约束条件是

$$P_M C_M + P_A C_A = E \tag{3.22}$$

其中，E 是经济系统的北部地区创新总支出。通过建立拉格朗日方程，使子效用 C_M 最大化，可求得 M 部门创新产品的产出量为

$$C_i = \frac{\mu E P_i^{-\sigma}}{P_M^{1-\sigma}} \tag{3.23}$$

根据垄断竞争模型，企业根据边际成本加成定价法所制定的价格是最优的。在均衡时，企业不再进出，因此它的利润为 0。因为假定每个企业的固定投入为 1 单位创新资本，则固定成本即企业创新资本的报酬，故企业进行科技创新活动的成本函数为

$$\pi + w_1 a_M C_i \tag{3.24}$$

根据利润最大化条件,创新资本要素报酬为

$$\pi = P_i C_i - w_1 a_M C_i \tag{3.25}$$

将 $\mu E/P_M^{1-\sigma}$ 记为常数 K,则式(3.25)可变形为企业利润拉格朗日方程的约束条件。可通过一阶条件变形得到创新产品价格为

$$P_i(1-1/\sigma) = w_1 a_M \tag{3.26}$$

可见单位价格中可变成本份额为 $1-1/\sigma$,而固定成本份额为 $1/\sigma$,这也等于单位资本的回报率。

同时,两区域市场的开放度主要由冰山交易成本 τ 反映,即从区域 1 运送到区域 2 的单位创新产品价格是 τP_i,则可根据企业的科技创新活动产出量、两区域的工业价格指数求得企业创新资本要素的利润函数为

$$\pi = p(C+\tau C^*)/\sigma = \frac{\mu E^w}{\sigma n^w}\left[\frac{S_E}{S_n+\varphi(1-S_n)} + \frac{\varphi(1-S_E)}{\varphi S_n+(1-S_n)}\right] \tag{3.27}$$

其中,$\varphi = \tau^{1-\sigma}$ 表示地区间的贸易自由度,$\varphi \in [0,1]$;S_E 为北部地区创新支出所占的份额;S_n 为北部企业所占份额;n^w 为企业总数;C_i 则是南部的创新产品销售量;每个企业均投入单位创新资本,因此,$n^w = K^w$,同理可求得 π^*。

从式(3.27)可知,企业创新生产的利润取决于企业的空间分布 S_n 和创新支出规模的空间分布 S_E。根据模型假定,创新资本要素收益回归创新资本所有者所在地(即收益与资本运用产生分离),而创新劳动力要素收益则不产生分离,因此 S_n 和 S_E 产生分离。下面主要讨论 S_E,首先求出创新总支出,然后再分析北部的创新总支出额。将所有创新要素收入加总即经济系统的总创新支出,整理可得

$$E^w = \frac{1}{1-b}[w_L(1-\lambda) + w_1 L_1 + w_2 L_2], b = \frac{\mu}{\sigma} \tag{3.28}$$

北部的支出同样取决于它的创新要素收入,但必须先确定北部的创新资本要素和创新劳动力要素的空间分布。根据创新资本要素的分布取决于企业空间分布的假定,假定南北部的创新资本在每个企业的资本投入中都是对称的,即若北部的企业份额为 S_n,则北部的

创新资本要素也有 S_n 留在北部，其余部分则投入到南部。同理，对北部的创新劳动力也可做此假定，则可知北部的支出额为

$$E = w_L(1-\lambda)/2 + \pi K S_n + \pi^* K(1-S_n) + w_1 L_1 \tag{3.29}$$

经过替代、化简，可得

$$S_E = E/E^* = bS_k + (1-b)\frac{(1-\lambda)w_L/2 + w_1 L_1}{(1-\lambda)w_L + w_1 L_1 + w_2 L_2}, S_k = \frac{K}{K^*} \tag{3.30}$$

短期内，创新资本要素都是相对静止，不会流动；但长期来看，创新资本要素则会因为要素收益率的差异而产生流动。根据 FC 模型的资本流动方程 $\dot{S}_n = (\pi - \pi^*)S_n(1-S_n)$，可能存在两种均衡：其一是两个区域的资本收益率相等的均衡状态；其二是所有资本都集聚在某一区域，即形成 CP 结构均衡状态。即资本流动的长期均衡条件为

$$\pi = \pi^*, 0 < S_n < 1; S_n = 0 \text{ 或 } S_n = 1 \tag{3.31}$$

则根据式(3.30)和式(3.31)，可求得

$$S_n = \frac{1}{2} + \frac{1+\varphi}{1-\varphi}(S_E - \frac{1}{2}) \tag{3.32}$$

即当满足式(3.32)时，资本不再流动，反映了创新支出分布 S_E 在长期中如何决定企业分布 S_n。由此可见，在贸易自由度不变的前提下，创新资本禀赋和创新劳动力分布决定创新支出分布，创新支出分布则决定创新资本使用的分布（企业分布）；在创新支出分布不变的前提下，贸易自由度也将影响创新资本使用的分布（企业分布）。创新资本禀赋的空间分布也就是创新资本要素存量的分布，影响着区域经济规模。发展中地区的劣势在于创新资本存量的相对缺乏，因而导致区域经济规模相对落后。而经济规模的劣势在本地市场效应和价格指数效应的作用下进一步放大，从而导致创新资本要素向发达地区转移。创新要素在发达地区的集聚有利于发挥规模优势，在规模报酬递增的前提下，发达地区经济规模将持续扩大，企业数量将持续增加，从而区域内经济活力增强，创新要素配置效率得到提升。

上述两种模型从不同的视角阐述了创新要素中配置对创新产出及经济增长的重要性。资源错配理论将进一步探究若存在创新资源要素错配,其存在的机制以及如何进行测度和分解的原理。

3.3 创新资源错配理论

本节参考 Hsieh & Klenow(2009)的资源错配理论框架,将科技创新过程视为创新生产过程,借鉴柯布－道格拉斯生产函数,构建柯布－道格拉斯创新生产函数,建立经济系统中产业(行业)部门创新资源错配测度的理论模型,即将科技创新资源投入的相对扭曲程度以及由此带来的科技创新产出效率的损失视为错配的程度及错配的结果。故设定所有部门在进行科技创新活动中都投入了创新资本资源 K、创新劳动力资源 L 两种要素。假设各产业(行业)的创新生产函数符合柯布－道格拉斯生产函数,即

$$Y_i = A_i K_i^{\alpha_i} L_i^{\beta_i} \tag{3.33}$$

其中,Y_i 为第 i 产业(行业)的创新产出;K_i 为第 i 产业(行业)的创新资本投入量;α_i 为第 i 产业(行业)的创新资本产出弹性; L_i 为第 i 产业(行业)的创新劳动力资源投入量;β_i 为第 i 产业(行业)创新劳动力资源产出弹性。由于市场的不完全性,创新资源的价格在市场上存在扭曲,假定各创新资源无扭曲的价格水平分别为 p_k 和 p_l,存在价格扭曲时,创新资本要素的价格为 $(1+\eta_{k_i})p_k$,创新劳动力要素的价格为 $(1+\eta_{l_i})p_l$。

假设各产业(行业)内各企业的创新生产函数同质,以利润最大化为目的进行科技创新活动,即

$$\max_{l_i,k_i}[Y_iP_i-(1+\eta_{k_i})K_i-(1+\eta_{l_i})L_i] \tag{3.34}$$

其中,P_i 为第 i 产业(行业)部门科技创新产出的市场价格,进行一阶求导最优化可得

$$\alpha_i P_i Y_i / K_i = (1+\eta_{K_i})P_K$$

$$\alpha_i P_i Y_i / L_i = (1 + \eta_{L_i}) P_L \tag{3.35}$$

设创新总产出 Y 由 N 个产业(行业)组成,即

$$\sum_{i=1}^{N} P_i Y_i = Y \tag{3.36}$$

鉴于创新资源的有限性,科技创新资源总量外生给定,则有创新资源约束条件为

$$\sum_{i=1}^{N} K_i = K \sum_{i=1}^{N} L_i = L \tag{3.37}$$

将式(3.35)带入式(3.37),可得到若创新资源存在错配的情况下,K_i、L_i 的值分别为

$$K_i = \alpha_i P_i Y_i / [(1 + \eta_{K_i}) P_K] = \frac{\dfrac{\alpha_i P_i Y_i}{(1 + \eta_{K_i}) P}}{\sum \dfrac{\alpha_i P_i Y_i}{(1 + \eta_{K_i}) P}} K$$

$$L_i = \alpha_i P_i Y_i / [(1 + \eta_{L_i}) P_L] = \frac{\dfrac{\alpha_i P_i Y_i}{(1 + \eta_{L_i}) P}}{\sum \dfrac{\alpha_i P_i Y_i}{(1 + \eta_{L_i}) P}} L \tag{3.38}$$

两类创新资源的错配以绝对扭曲系数表示,通过外生扭曲的从价税的形式表现,则各创新资源的绝对扭曲系数为

$$\gamma_{K_i} = \frac{1}{1 + \eta_{K_i}}, \quad \gamma_{L_i} = \frac{1}{1 + \eta_{L_i}} \tag{3.39}$$

在均衡的条件下,第 i 产业(行业)的科技创新产出在整个经济体创新产出中的份额为 $S_i = P_i Y_i / Y$,通过加权的方式可以分别得到创新资本资源和创新劳动力资源对总体的创新产出贡献率,具体为

$$\beta = \sum_{i=1}^{N} S_i \beta_i , \alpha = \sum_{i=1}^{N} S_i \alpha_i \tag{3.40}$$

据此定义在各产业(行业)中创新资本资源和创新劳动力资源的相对扭曲系数为

$$\lambda_{k_i}=\frac{\gamma_{K_i}}{\sum_{i=1}^{N}\frac{S_i\alpha_i}{\alpha}},\quad \lambda_{L_i}=\frac{\gamma_{L_i}}{\sum_{i=1}^{N}\frac{S_i\beta_i}{S}} \tag{3.41}$$

若某产业(行业)创新资源的价格相对扭曲系数大于1,说明这个产业(行业)会以较低的成本配置创新资源,会导致其更倾向于配置成本低的创新资源,既会对其他资源产生挤出效应,也会挤占其他产业(行业)对该创新资源的配置。例如,若创新资本价格在第 i 产业(行业)偏低,该产业(行业)会选择更多地使用创新资本替代创新劳动力投入科技创新生产活动,导致该产业(行业)创新资本配置比例高于其他产业(行业)。若创新资本的价格相对扭曲系数小于1,则表示第 i 产业(行业)的创新资源配置成本相对于平均成本较高,为追求利润最大化,该产业(行业)将减少这种创新资源在科技活动过程中的配置比例。这里需要注意的是,表示产业(行业)间创新资源错配的是创新资源价格的相对扭曲系数而不是绝对扭曲系数,创新资源的价格绝对扭曲系数无法反映创新资源在产业(行业)间的错配程度,主要是由于创新资源绝对无扭曲的不可测度性和不可比性。不可测度性是指由于实际数据无法测量创新资源错配假设的绝对条件,所以创新资源价格绝对无扭曲是不可测度的。不可比性是指绝对扭曲的不可比,假设当各产业(行业)的创新价格绝对扭曲水平同时同比上升或同比下降,绝对扭曲系数实质上是无变化的,无法引发创新资源的重新配置,也无法反映创新资源错配。

将式(3.38)代入式(3.41)可得

$$K_i=\frac{S_i\alpha_i}{\alpha}\lambda_{K_i},\quad L_i=\frac{S_i\beta_i}{\beta}\lambda_{L_i} \tag{3.42}$$

整理可分别得到第 i 产业(行业)的创新资本和创新劳动力相对扭曲系数为

$$\lambda_{K_i}=(\frac{K_i}{K})/(\frac{S_i\alpha_i}{\alpha}),\quad \lambda_{L_i}=(\frac{L_i}{L})/(\frac{S_i\beta_i}{\beta}) \tag{3.43}$$

式(3.43)的分子部分是第 i 产业(行业)中创新资本(劳动力)资源投入占经济总体创新资源的投入比例,分母是通过创新生产函数测算出的资源投入理论比例,二者的比值度量了第 i 产业(行业)该创新资源的错配程度:若该比值大于 1,则说明该创新资源在该产业(行业)中成本过低导致投入过量,小于 1 则说明成本过高导致投入不足。

根据式(3.43)推算存在创新资源错配时的生产函数为

$$Y_i = A_i(\frac{S_i\alpha_i}{\alpha}\lambda_{K_i}K)^{\alpha_i} \cdot (\frac{S_i\beta_i}{\beta}\lambda_{L_i}L)^{\beta_i} \tag{3.44}$$

对式(3.44)取对数可得

$$\begin{aligned}\ln Y_i &= \ln A_i + \alpha\ln(\frac{S_i\alpha_i}{\alpha}\lambda_{K_i}K) + \beta_i\ln(\frac{S_i\beta_i}{\beta}\lambda_{L_i}L) \\ &= \ln A_i + (\alpha_i\ln \lambda_{K_i} + \beta_i\ln \lambda_{L_i}) + (\alpha_i\ln K + \beta_i\ln L) + \\ &\quad [\ln(\frac{S_i\alpha_i}{\alpha})^{\alpha_i} + \ln(\frac{S_i\beta_i}{\beta})^{\beta_i}]\end{aligned} \tag{3.45}$$

根据式(3.45),可以将第 i 产业的创新活动产出对数 $\ln Y_i$ 分解为四个部分,等号右边第一项 $\ln A_i$ 说明了科技创新产出水平与部门自身创新全要素生产率 TFP 的关系,可看成是单纯的技术效应对创新产出的影响;第二项($\alpha_i\ln \lambda_{K_i} + \beta_i\ln \lambda_{L_i}$)说明了科技创新产出与创新资源错配相关;第三项($\alpha_i\ln K + \beta_i\ln L$)表明科技创新产出与单纯的创新资本和劳动力投入量相关;第四项$[\ln(\frac{S_i\alpha_i}{\alpha})^{\alpha_i} + \ln(\frac{S_i\beta_i}{\beta})^{\beta_i}]$说明了科技创新产出与部门间创新资源产出份额相关。其中,第二项与第四项是形成创新资源错配的两大原因。因此,科技产出水平不仅受技术水平和创新资源投入数量的影响,而且还受到创新资源错配的影响。

3.4　本章小结

本章借鉴 Aghion & Howitt (2004)的内生经济增长理论视角下的技术创新资源配置理论、新经济地理学中的自由资本模型以及

Hsieh & Klenow(2009)的资源错配理论,详细阐述了技术创新活动中创新资源对经济增长的效应以及创新资源错配理论及模型的构建。从这些理论中可以看出,创新活动可以视为创新生产过程,利用创新资源投入与产出可以进行与一般生产过程相类似的投入产出分析,也可以通过产出分解测算创新资源错配系数及产生的效应。本章的理论为后文的实证分析提供了理论依据。

第4章 我国科技政策及创新资源配置回顾与现状

Hirschman(1958)认为发展中国家必须在资源稀缺的前提下选择合适的发展路径,以便将有限的资源配置到最能发挥其经济效率的部门或行业中,这种不平衡的路径选择会影响经济和产业结构的非均衡增长。他将发展中国家的非均衡增长路径归纳为"短缺的发展和过剩的发展",要通过侧重某一方面,使人力资本和资金投入产生转移并重新配置,最终使二者达到均衡。这一理论比较符合我国改革开放以来的创新资源配置和产业结构变迁历程。

创新资源配置的演进过程与我国科技发展历史密不可分。随着我国经济体制由计划经济向市场经济转变,我国科技体制也经历了较大的变革:从1985年的科技体制改革到2000年之后的全面推进国家创新体系,从2006年提出的建设创新型国家战略到2020年提出的把科技自立自强作为国家发展的战略支撑,创新资源配置也由政府统一计划调配转变为市场在配置中起基础性作用。

本章通过分析我国科技体制及创新资源配置机制的历史变化,深入探讨我国创新资源配置中存在的问题,进而分析创新资源错配的根源。

4.1 科技政策及创新资源配置的演变历程

中华人民共和国成立伊始,各类资源严重不足,我国实行高度集中的计划经济体制,采取自上而下的统一垂直管理配置模式,由政府根据经济发展需要统一安排科技活动的资金、人员及设备场地等。随着经济的不断发展,科技的引领作用逐渐显现,国家对科技的重视程度不断加大。从改革开放开始,我国科技政策及创新资源配置分为三个阶段。

4.1.1 第一阶段(1978—1985 年):建设探索阶段

这一阶段国家实行改革开放,国家科技委员会和地方科技委员会相继恢复,科技发展相关体制体系得以重建。1978 年颁布了《1978—1985 年全国科学技术发展规划纲要》,我国科技发展迎来了一次重要的机遇。1985 年发布的《中共中央关于科学技术体制改革的决定》(以下简称《决定》)提出克服单纯依靠行政手段管理科研工作,国家项目要引入经济杠杆和市场机制;改变部门分割、行业分割等科研与生产脱节现象;推进人才流动等。《决定》标志着我国科技体制改革的开始。

这一阶段,在国家以计划为主的分配体制下,政府是科技创新资源配置主体,科技创新资源由政府根据国家经济发展需求统一调配。这种高度集中的科技创新资源配置是适应当时国情的。但由于计划经济体制下的结构性问题,科研机构之间各自为政,不可避免地造成科研项目低水平重复,科研机构与生产机构脱节,导致科研成果得不到转化,效率低下、资源浪费等现象严重。随着经济的不断发展,信息化、技术化的要求越来越高,这种高度集中的资源配置方式严重阻碍了我国科技创新的发展速度。

4.1.2　第二阶段(1986—1999年):战略调整阶段

随着科技体制改革的深入,1986年国家提出了高技术研究发展计划,即"863计划"。这个计划旨在提高我国自主创新能力,坚持战略性、前沿性和前瞻性,以前沿技术研究发展为重点,充分发挥高技术引领的先导作用。这是首个高技术研究发展的战略性计划,成为我国科技发展的一面旗帜。1988年颁布的《国务院关于深化科技体制改革若干问题的决定》,提出要以积极推行各种形式的承包经营责任制为重点,进一步加快和深化科技体制改革。1991年原国家科委颁布《国家高新技术产业开发区若干政策的暂行规定》,国务院颁布《国家高新技术产业开发区税收政策的规定》,通过确定21个国家高新技术产业开发区,加快了各地区高新技术产业的发展和扶持力度。为了加强基础性研究实施科技攀登计划,1992年原国家科委、原国家体改委颁布《关于分流人才、调整结构、进一步深化科技体制改革的若干意见》,指出当前深化科技体制改革的一个战略任务是要抓住有利时机,加快人才分流,合理调整结构,进一步转变科技系统的运行机制。这对于合理配置科技创新资源,充分发掘科技潜力等具有十分重要的意义。1993年全国人大常委会通过《中华人民共和国科学技术进步法》,在总则中提出了实施科教兴国战略、构建国家创新体系、建设创新型国家等重要思路。1995年颁布的《中共中央、国务院关于加速科技进步的决定》开始正式实施"科教兴国"战略。该战略提出政府在加强对基础性、公共性领域扶持力度的同时,进一步放开、搞活科技资源投入形式和分配机制。1996年颁布的《国务院关于"九五"期间深化科学技术体制改革的决定》继续贯彻1985年以来的科技改革思路,提出了"通过深化科技体制改革,促进科技资源合理优化配置,使科研机构形成合理布局;以国家发展战略目标的需求为导向,充分调动科技人员参与改革的积极性,合理分流人才,各发挥其所长"的要求。1996年全国人大常委会通过《中华人民共和国促进科技成果转化法》,并开始实施针对企业的"技术创新计划",在多家大型企业建立R&D中心。1997年实施的"973计划"是面向国家重大需求的重点基础研究计划,这是我国加强基础研究、提升自主创新能力的重大战略举措。1999 年颁布的《中共中央 国务院关于加强技术创新,发展高科技,实现产业化的决定》提出必须按照党的十五大提出的要求,"要充分估量未来科学技术特别是高技术发展对综合国力、社会经济结构和人民生活的巨大影响,把加速科技进步放在经济社会发展的关键地位",并提出把市场需求、社会需求和国家安全需求作为研究开发的基本出发点,强化企业的技术创新主体地位,充分发挥市场机制在配置科技创新资源、引导科技活动方面的基础性作用,推动大多数科技力量进市场创新创业。

这一阶段,随着我国科技体制改革的进行,"创新"一词越来越多地出现在国家的科技政策文件中,并显著增加了支持基础研究的计划。国家大力度调整了科技体制,强调科技转化的成果保护,多举措促进科技创新的快速发展。科技创新资源配置逐渐依靠市场主导,在政府加大财政支持科技发展的同时,扩大研发经费来源,鼓励企业、社会集团投资科技,加速研发资本积累。这个时期非常重要的一点是肯定了科研机构科技创新资源配置自主权。随着科技与经济的发展,科技体制改革不断深化,市场在科技创新资源配置中的基础性作用不断加强,创新资源的自由流动性越来越强,保证其可以按市场需求在各部门间自由流动,逐步实现了有限的创新资源向生产效率最高部门集中的转变。

4.1.3 第三阶段(2000 年至今):全面深化阶段

2000 年国务院办公厅转发科技部等部门《关于深化科研机构管理体制改革的实施意见》,提出要深化科研机构管理体制改革,优化科技力量布局和资源配置。2006 年国务院发布《国家中长期科学和技术发展规划纲要(2006—2020 年)》,提出全面推进国家创新体系建设,并提出到 2020 年"进入创新型国家行列,为在本世纪中叶成为世界科技强国奠定基础"的发展目标。从此,科技创新成为我国经济发展的新动力,以市场为导向,市场开始全面发挥在资源配置中的基础性作用。2011 年国家科技部发布《国家"十二五"科学和技术发展规划》,提出全面落实科教兴国和人才强国战略,并提出“强化科技政策制定和落实,充分发挥市场配置资源的基础性作用,强化政府对科技创新活动的服务和对科技创新需求的引导”。2012 年颁布的《中共中央 国务院关于深化科技体制改革加快国家创新体系建设的意见》提出坚持政府支持、市场导向,统筹发挥政府在战略规划、政策法规、标准规范和监督指导等方面的作用与市场在资源配置中的基础性作用,并提出建设主要目标之一是“确立企业在技术创新中的主体地位,企业研发投入明显提高,创新能力普遍增强”。同年,党的十八大提出“要坚持走中国特色自主创新道路、实施创新驱动发展战略”。2013 年国务院印发《国家重大科技基础设施建设中长期规划(2012—2030 年)》,明确了通过启动建设一批科研意义重大、条件基本成熟的设施,强化未来科技持续发展的能力。同年发布的《国务院办公厅关于强化企业技术创新主体地位全面提升企业创新能力的意见》强调,到 2015 年基本形成以企业为主体、市场为导向、产学研相结合的技术创新体系,培育发展一大批创新型企业,企业研发投入明显提高。随后在 2014 年进一步发布了《国务院关于改进加强中央财政科研项目和资金管理的若干意见》,强调加强科研项目和资金配置的统筹协调,提出要“明晰政府与市场的边界,充分发挥市场对技术研发方向、路线选择、要素价格、各类创新要素配置的导向作用,政府主要通过制定政策、营造环境,引导企业成为技术创新决策、投入、组织和成果转化的主体”。2015 年发布的《中共中央 国务院关于深化体制机制改革加快实施创新驱动发展战略的若干意见》和《深化科技体制改革实施方案》则标志着我国科技体制改革的全面深化。2016 年中共中央、国务院发布《国家创新驱动发展战略纲要》,提出的六大转变中有两大转变涉及创新资源要素,其一是“发展要素从传统要素主导发展向创新要素主导发展转变”,其二是“资源配置从以研发环节为主向产业链、创新链、资金链统筹配置转变”;强调科技创新是提高社会生产力和综合国力的战略支撑,必须摆在国家发展全局的核心位置。同年《国务院关于印发“十三五”国家科技创新规划的通知》提出大力发展科技创新,全面深化科技体制改革,强化科技创新资源的统筹协调。2017 年党的十九大报告明确了要素市场化配置改革是加快完善社会主义市场经济体制的重点。2019 年党的十九届四中全会进一步提出“推进要素市场制度建设,实现要素价格市场决定、流动自主有序、配置高效公平”。2020 年党的十九届五中全会提出要充分发挥市场在资源配置中的决定作用。

通过对我国科技政策的梳理,可以看到创新资源配置的发展历程与科技政策的发展密切相关。在人才方面,从中华人民共和国成立初期的政府组织统一分配,到 1985 年提出“促使科学技术人员合理流动”,到 1995 年鼓励人才分流、2006 年激发人才创新,再到 2014 年鼓励“大众创业、万众创新”,科技人才摆脱行政束缚后积极性和创造力都有了显著的提高。在研发资金方面,由中华人民共和国成立初期的政府独立承担且无法在部门间地区间自由流动,到 1985 年鼓励部门、企业、社会集团向科学技术投资,到 1995 年“拓宽科技资金来源与资金配置主体,鼓励科研机构以多种形式、多种渠道筹措资金,鼓励企业加大研发投入,鼓励社会资本注入”,再到如今确定研发资金的市场化配置,极大地促进了科技活动的资金积累,提高了研发资金在科技活动中的推动作用。从科技信息资源为少数科研机构掌握不公开,到产学研资源共享平台的搭建,再到构建科技信息资源流动的交易平台等,为科技资源自由流动提供了畅通的渠道。这些都成为推进企业创新主体地位、保障科技创新资源有效配置和资源有效流动的重要举措,也逐步形成了我国科技创新资源配置多部门、市场调节、平台共享、高度自主的配置体系。

4.2 我国创新资源配置发展现状

创新资源配置的逐步优化,促进了我国科技创新动力的提升和创新能力的提高,但在快速发展过程中,也出现了配置不均衡的现象。创新资源在区域间、部门间及产业间的配置存在一系列的问题。

4.2.1　R&D 经费配置的总体状况

1. R&D 经费增长的横纵比较

随着经济实力的增强,我国用于科研的 R&D 经费也随之稳步增长(图 4.1),我国 R&D 投入由 1995 年的 348.69 亿元增长到 2019 年的 61 339.9 亿元。同时 R&D 强度(R&D 经费占 GDP 的比例)从 1995 年的 0.57% 增长到 2019 年的 2.19%,增长明显。

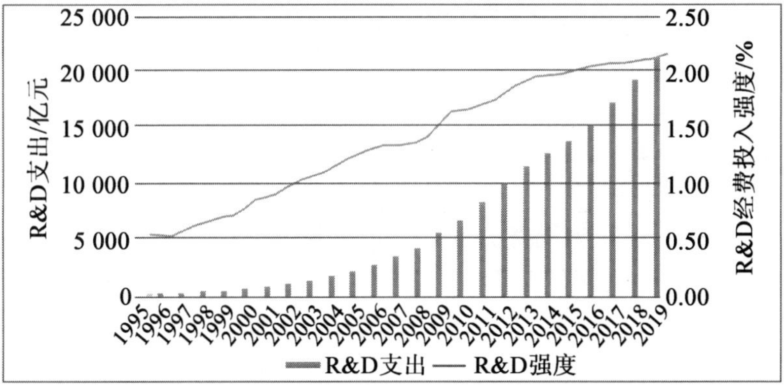

图 4.1　1995—2019 年我国 R&D 经费投入趋势图①

将我国 R&D 投入强度与世界主要国家比较(图 4.2),1996 年我国 R&D 投入强度与主要发达经济体国家差距显著,但增长速度逐年提高,2002 年超过意大利,2009 年超过英国,2011 年超过加拿大,之后基本与欧盟和法国持平,仍落后于日本、德国、美国,但显著领先于其他新兴经济体国家(图 4.3),这些都为我国经济快速发展和科技进步提供了有力的保障。

2. R&D 经费投入比较

科学研究依据不同的目的、任务和方法,可分为基础研究、应用研究和试验开发,其中基础研究是提高原始性创新能力的重要部分。1991 年

① 数据来源:《中国科技统计年鉴》。

至2019年,我国R&D经费虽然绝对量逐年增加,但其中用于基础研究的经费占比多年稳定在5%左右(图4.4),用于应用研究的经费占比从22%左右下降至10%左右,80%以上的经费用于试验开发。

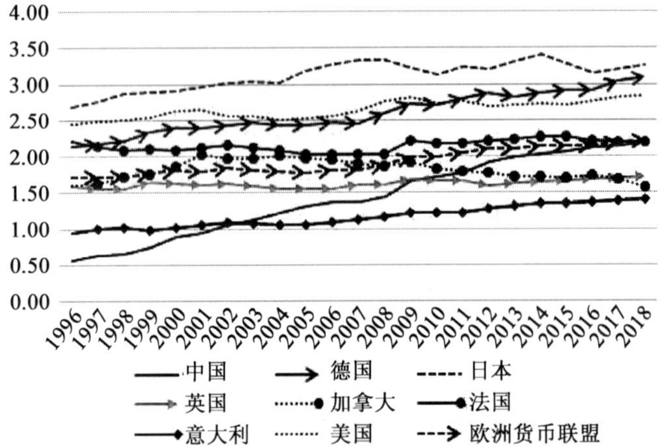

图4.2 我国与世界主要经济体国家R&D经费投入强度对比趋势图①

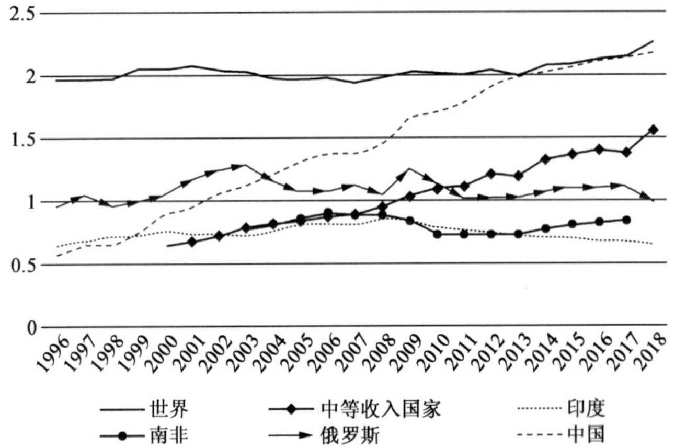

图4.3 我国与世界新兴经济体国家R&D经费投入强度对比趋势图①

① 数据来源:世界银行世界发展指标(WDI)数据库。

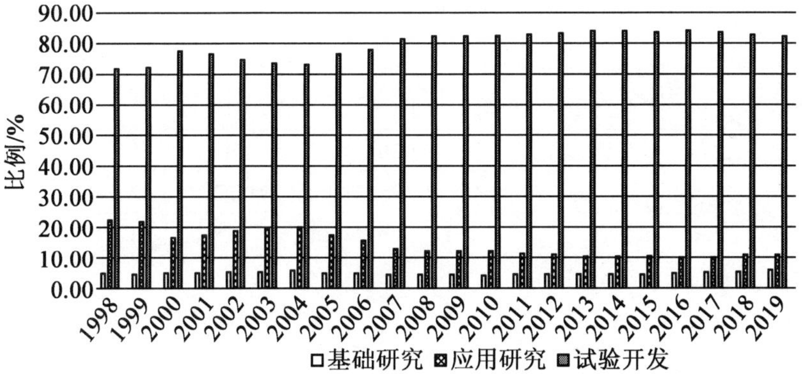

图 4.4　1999—2019 年我国 R&D 经费分类型投入情况对比图①

大比例的科研经费停留在试验开发阶段,而应用研究 R&D 经费投入比例却逐年缩减,2019 年略有回升,表明试验成果转化不足,应用需求的市场开发不够,无法带动形成新的生产力从而促进经济增长。R&D 经费的这种配置结构与世界发达国家差距较大(表 4.1)。

表 4.1　主要年份我国 R&D 经费投入分类型国际比较　　单位:%

研究类型		1996 年	2000 年	2005 年	2010 年	2015 年	2016 年	2017 年	2018 年
基础研究	中国	5.00	5.22	5.36	4.59	5.05	5.25	5.54	5.54
	法国	21.98	23.60	23.95	25.11	23.77	22.30	22.74	–
	意大利	22.20	–	27.71	25.70	24.36	23.23	22.18	–
	日本	12.16	12.38	12.00	12.13	11.91	12.57	13.11	12.57
	英国	–	–	–	17.81	16.66	18.10	–	–
	美国	16.58	15.86	18.69	18.31	16.87	17.16	16.66	16.59

① 数据来源:中国宏观经济数据库。

续表 4.1

研究类型		1996 年	2000 年	2005 年	2010 年	2015 年	2016 年	2017 年	2018 年
应用研究	中国	24.51	16.95	17.70	12.65	10.79	10.27	10.50	11.13
	法国	28.50	32.61	38.59	38.19	37.90	42.23	41.87	–
	意大利	44.23	–	44.40	48.57	45.39	43.34	42.09	–
	日本	22.33	21.96	21.03	21.25	19.86	18.85	18.67	18.99
	英国	–	–	–	46.23	44.30	43.99	–	–
	美国	21.82	21.03	21.33	20.30	19.64	20.29	19.82	19.77
试验开发	中国	70.49	77.79	76.95	82.75	84.16	84.48	83.96	83.33
	法国	49.52	43.79	37.47	32.79	35.25	35.46	35.39	–
	意大利	33.57	–	27.89	25.74	30.24	33.44	35.73	–
	日本	59.47	59.77	61.80	61.94	63.69	64.04	63.89	64.27
	英国	–	–	–	35.96	39.04	37.91	–	–
	美国	61.37	62.88	59.69	60.94	63.20	62.36	63.32	63.37

数据来源:经 OECD 数据库整理而得。

3. R&D 投入结构比较

我国 R&D 经费主要投入渠道为科研机构、大中型工业企业和高等院校。我国科技体制改革向纵深推进的进程中,科技创新资源的配置逐步走向市场,企业逐渐占据资源配置中的主导地位,企业 R&D 资金投入占比逐年提高(表 4.2)。

表 4.2　按资金来源及投入部门分我国 R&D 经费投入情况　单位:%

年份	投入部门	R&D 投入占比	R&D 经费来源占比				
			政府拨款	企业资金	银行贷款	其他	国外资金
1995	科研机构	45.52	45.75	0.00	10.04	–	–
	大中型工业企业	48.83	6.34	71.48	16.95	–	–
	高等院校	5.65	44.57	0.00	2.37	–	–

续表 4.2　　单位:%

年份	投入部门	R&D 投入占比	R&D 经费来源占比				
			政府拨款	企业资金	银行贷款	其他	国外资金
2000	科研机构	27.06	67.47	6.72	1.94	–	–
	大中型工业企业	44.24	4.68	80.66	10.54	–	–
	高等院校	8.00	58.44	33.25	0.83	–	–
2005	科研机构	20.94	82.97	3.43	–	13.25	0.35
	大中型工业企业	51.03	3.63	94.53	–	1.50	0.34
	高等院校	9.89	54.93	36.69	–	6.73	1.65
2010	科研机构	16.80	87.37	2.89	–	9.46	0.29
	大中型工业企业	56.85	4.36	93.62	–	0.88	1.14
	高等院校	8.46	60.08	33.23	–	5.78	0.91
2015	科研机构	15.08	84.38	3.06	–	12.33	0.23
	大中型工业企业	76.79	4.26	93.72	–	1.15	0.87
	高等院校	7.05	63.82	30.19	–	5.47	0.52
2019	科研机构	13.91	83.82	3.85	–	12.16	0.16
	大中型工业企业	76.42	3.83	96.07	–	0.02	0.07
	高等院校	8.11	58.36	26.22	–	15.08	0.35

数据来源:《中国科技统计年鉴》。

2019 年大中型工业企业研发经费投入比例达到 76.42%,成为 R&D 经费投入的主要主体。从各部门 R&D 经费投入看,政府的 R&D 支持主要用于科研机构的研发活动,企业逐渐减弱了对政府拨款的依赖,以自筹资金作为企业研发活动的主要资金来源。高校研发经费占比低于 10%,在一定程度上阻碍了产学研的结合及成果转化,基础性、前沿性研究受到一定的影响。

4. R&D 经费投入的区域非均衡

经济发展的非均衡带来的是科技发展的非均衡,虽然随着经济的不断发展及科技体制改革的深入,科技资金流动性逐步增强,从一定程度上缓解了区域间 R&D 经费配置的差异性,但区域整体差距仍然显著。我国各地区的 R&D 经费投入具有明显的区域差异,以 R&D

经费投入强度指标为例，北京作为我国科技文化中心，R&D 经费投入强度远远领先于其他地区，上海、天津、江苏等东部沿海省份形成第二梯队，西部欠发达地区 R&D 经费投入明显较低。图 4.5 显示了 2007 年和 2019 年全国各地区 R&D 投入强度分布的动态变化趋势。2007 年全国 19 个地区 R&D 经费投入强度在 0 ~ 1，8 个地区 R&D 经费投入强度在 1 ~ 2。随后，各年各地区的 R&D 经费投入占比有所增加，但强度分布差异较大。到 2019 年，8 个地区 R&D 经费投入强度在 0 ~ 1，12 个地区 R&D 经费投入强度在1 ~ 2，8 个地区 R&D 经费投入强度在 2 ~ 3，说明虽然各区域 R&D 经费投入强度呈上升趋势，但区域非均衡状况也在增大。

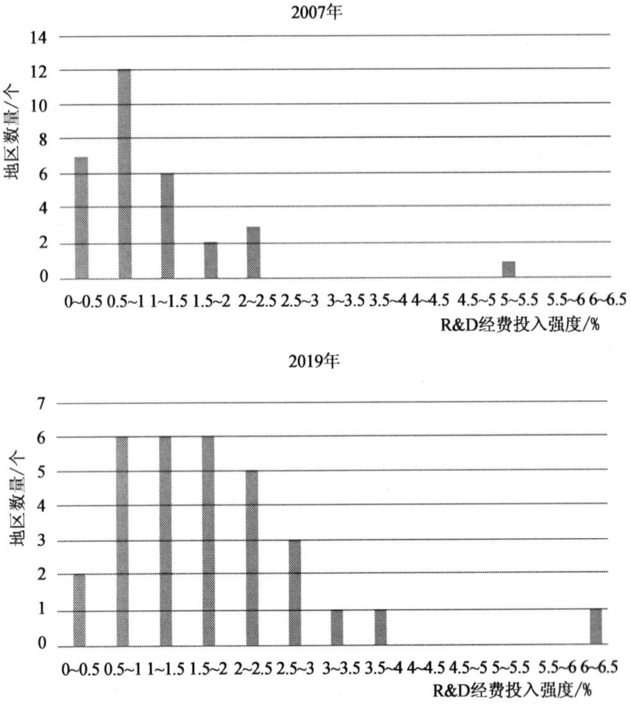

图 4.5　2007 年和 2019 年我国区域 R&D 经费投入强度分布频数变化图[①]

① 数据来源：据《中国科技统计年鉴》整理而得。

4.2.2 R&D 人员配置的总体状况

如果将科技创新活动视为科技生产,那么人力的投入与资金的投入同等重要。我国科技活动的最主要要素之一就是 R&D 人员投入,人才队伍的建设始终是我国科技体制改革中一项重要的内容。“科教兴国”“建设国际高水平大学”“人才强国”等科技发展战略的提出,推动了科技人员的整体水平。我国 R&D 人员投入的配置状况如下。

1. R&D 人员投入整体状况

自 1995 年 5 月中共中央、国务院颁布《关于加速科学技术进步的决定》提出科教兴国战略以来,我国从事科技活动的 R&D 人员不断增加,R&D 人员全时当量稳步提升(图 4.6)。

2006 年全国科技大会提出自主创新、建设创新型国家战略并颁布《国家中长期科学和技术发展规划纲要(2006—2020 年)》后,科技创新的步伐明显加快,R&D 人员增速明显提升。截至 2019 年,我国 R&D 人员全时当量已达 480.1 万人/年,是 1996 年 80.4 万人/年的 5.97倍。虽然绝对数量在增加,但结构也随之发生变化。图 4.7 说明了我国 R&D 人员结构在各类研究中的比例变化:基础研究 R&D 人员全时当量投入比例常年较低,始终保持在 10% 以下。试验开发的 R&D 人员全时当量占比逐年提高,自 2010 年以后保持在 80% 以上,且远高于基础研究和应用研究的人员占比。应用研究比例介于二者之间,从之前的 30% 左右下降到 11% ~13%。这种 R&D 人员投入结构说明从事我国科技成果转化方面的人才储备不足,我国科技成果转化有待提升。

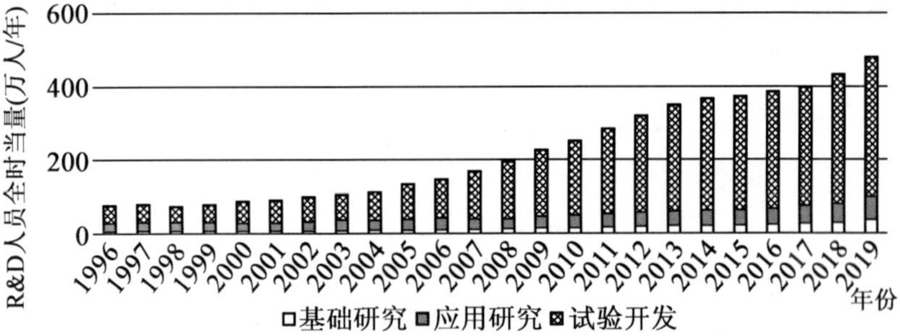

图 4.6　1996—2019 年我国 R&D 人员全时当量不同研究类型对比图①

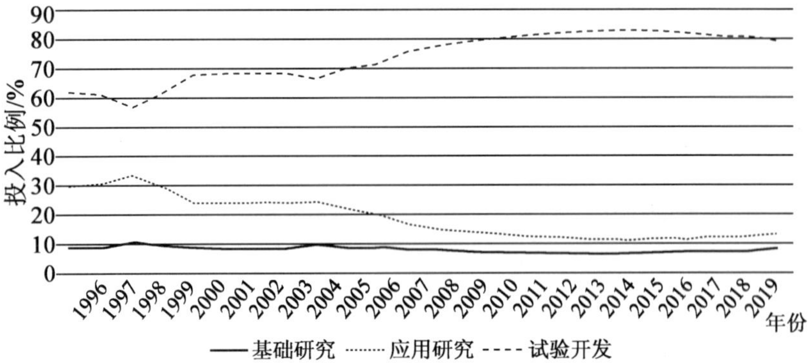

图 4.7　1996—2019 年我国 R&D 人员全时当量不同研究类型占比对比①

这样的增长虽然带来我国科技人员储备的大幅度增加,但与世界发达经济体国家仍然存在较大的差距(图 4.8)。对比每千人中科技研发人员数这一指标,尽管增长速度表现较好,但差距仍然在扩大,反映出我国科技人才的数量还远远不足以支撑我国科技的快速发展。人是科技创新的重要因素,如何提升科技人员的数量和质量,进一步调动科技人员的科技创新动力和能力,是优化创新资源配置的重要课题。

① 数据来源:据《中国科技统计年鉴》整理而得。

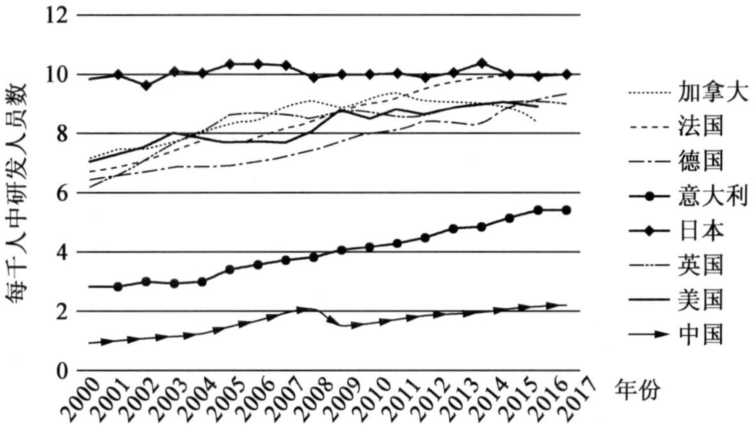

图4.8　我国与世界主要发达国家科技人力资源投入比较①

2. 科技人力资源流动性

图4.9显示我国公有制企业科技人员流动逐年递减，私营企业科技人员逐年增加。2005年我国公有制企业科技人员占比为15.58%，私营企业科技人员占比为67.14%，来自港澳台和外资企业的科技人员占比分别为7.62%和9.66%。到2019年公有制企业科技人员占比下降为0.82%，而私营企业科技人员占比上升为79.87%，来自港澳台和外资企业的科技人员占比分别为9.29%和10.03%。这种结构上的变化反映了我国私营企业注重科技人才的引入和培养，人才政策灵活，对科技进步贡献较大。而公有制企业在人才引进方面相对僵化，对科技人才的重视不够，人才流动受阻，导致我国一些国有企业生产效率低、竞争力不足的问题频发，造成产业间和行业间科技人员的错配现象严重。因此，公有制企业应成为我国科技体制改革的重点领域。

① 数据来源：据OECD数据库整理而得。

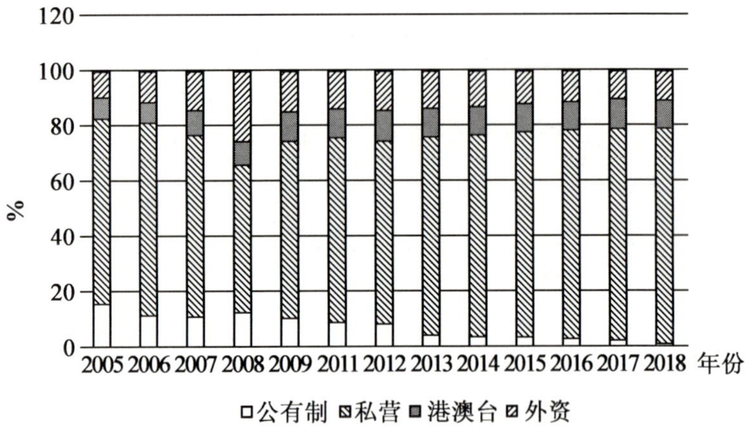

图 4.9　我国科技人员在不同所有制企业间的分布图[①]

我国的科技人力资源在企业、政府的配置中明显优于发达国家，而高校中的科技人员占比还有一定的差距(表 4.3)。高校是基础研究的主体，也是应用研究的重要力量，高校科技人员占比较低，正是我国基础研究和应用研究 R&D 人员和经费比例一直较低的原因之一。如何提高高校科技人才的比例，提升高校科技人才的成果转化，真正实现产学研结合，将是我国科技发展中需要解决的重要问题。

① 数据来源：据《中国科技统计年鉴》整理而得。

表4.3　我国科技人力资源部门间配置与世界主要经济体的比较 单位:%

类别	国别	2000年	2005年	2010年	2015年	2016年	2017年	2018年
企业研究人员占总研究人员比例	加拿大	73.90	73.71	67.20	57.89	56.78	55.18	-
	法国	52.32	60.23	68.30	66.54	65.88	67.97	70.24
	德国	66.52	63.12	66.40	68.15	66.90	71.31	74.34
	意大利	34.14	41.89	43.31	47.57	50.77	53.78	51.54
	日本	68.25	73.73	71.62	74.04	75.63	75.51	73.91
	英国	59.24	51.45	33.10	42.08	43.00	41.04	45.40
	美国	-	-	70.94	78.18	77.64	79.04	-
	中国	64.57	93.76	60.46	76.98	74.65	71.14	75.00
政府研究人员占总研究人员比例	加拿大	6.90	6.12	6.06	4.87	4.65	4.99	-
	法国	15.19	12.78	10.93	10.25	10.12	9.83	9.53
	德国	14.61	14.67	15.79	13.92	13.51	13.04	13.06
	意大利	21.65	17.52	16.92	17.15	16.24	15.76	15.57
	日本	4.82	5.00	4.94	4.57	4.54	4.53	4.51
	英国	8.80	3.75	3.36	2.48	2.44	2.34	2.27
	美国	4.82	-	-	-	-	-	-
	中国	27.82	17.91	19.14	18.88	19.86	20.50	19.83
高校研究人员占总研究人员比例	加拿大	30.86	31.75	34.02	36.11	37.26	37.94	-
	法国	35.79	32.73	28.86	28.68	28.57	27.65	26.73
	德国	26.02	24.02	27.56	26.59	27.50	26.73	26.54
	意大利	38.87	44.94	42.03	38.80	38.01	36.59	37.57
	日本	27.66	22.95	19.09	20.70	20.75	20.51	19.87
	英国	-	57.02	62.33	58.87	57.98	58.22	55.65
	美国	-	-	-	-	-	-	-
	中国	21.27	19.84	19.76	18.45	18.20	18.84	18.91

数据来源:据OECD数据库整理而得。

3. R&D 人员分布的区域性

与 R&D 经费区域间不均衡状况相似,R&D 人员的分布也具有明显的区域性。如图 4.10 所示,我国东、中、西部地区间 R&D 人员全时当量在 1999 年至 2019 年间差距逐年扩大,东部地区 R&D 人员全时当量由 1999 年的 54.3% 增长到 2019 年的 65.6%,而中部、西部地区分别由 24.4% 和 39.3% 下降至 17.8% 和 12.7%,下降幅度以西部地区最大,直接导致东、中、西部地区科技人员配置差异越来越显著。这种差异与区域间的经济增长水平、政策灵活性等区位优势密切相关,东部地区在吸引科技优秀人才、促进人才流动方面显然具有更大的优势,也形成了人才流动的良性循环。反观中部、西部地区,区位竞争处于劣势,需要在政策扶持上下功夫。所以如何考虑区域间科技资源配置的效率与公平,是决定区域间经济增长动力和速度的关键因素。

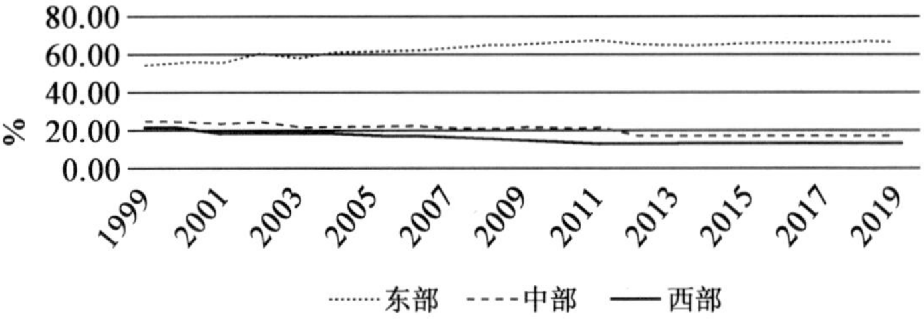

图 4.10 我国东、中、西部地区 R&D 人员全时当量占全国比例对比趋势图①

4.2.3 创新物资与创新成果的分布

基于 R&D 人员与 R&D 经费投入的分布,创新物资的分布也在不同区域存在较大差异。而正是因为这些现状和差异,导致科研成果的质量和数量都受到了影响。

① 数据来源:据《中国科技统计年鉴》整理而得。

1. 创新物资的配置状况

科技物资是指研发的物质基础,主要包括机器设备、试验场地、研究机构等,其配置与科技主体的规模、科技发展水平及资金积累等多种因素相关。科技物资的配置流动主要体现在交易、租赁、平台共享等。受限于实际数据的可获取性,本书用各区域仪器设备原价(指企业当年形成的用于研究开发的固定资产中的仪器和设备原价)占比来对比分析我国分地区和分行业的科技物资配置状况。

就我国目前的科技物资配置的区域分布状况看,东部地区配置优势明显,中部、西部地区配置比例严重偏低。2005 年东部地区的仪器设备原价占比为 71.09%,中部、西部地区分别为 14.32% 和 14.59%。至 2019 年东部地区的仪器设备原价占比为 70.58%,中部地区占比为 18.15%,西部地区占比 8.51%,东、中、西部地区差异日益增大(图 4.11)。由于创新物资一般是固定资产形式,成本高且流动性差,同时缺乏有效的设施共享机制和技术平台,导致科技设施的配置分布区域间差异越来越显著,具有资金优势的东部地区相应的科技物资配置较中部、西部地区优势明显,相比之下很大程度上限制了中部、西部地区的科技创新活动。如何探索一种新模式,促进创新物资的区域共享,将是推动中部、西部地区科技发展的一个重要内容。

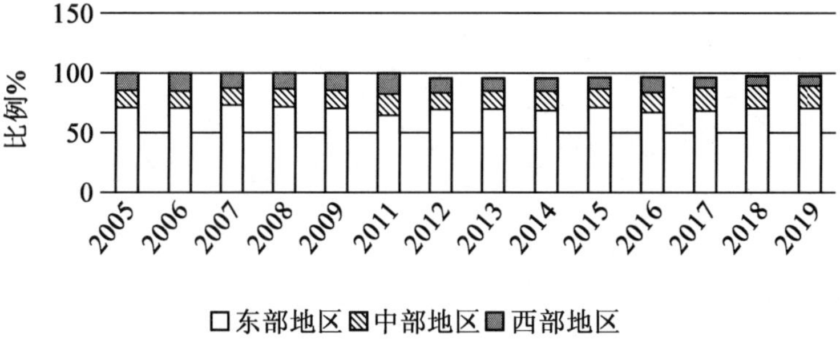

图 4.11　我国东、中、西部地区仪器设备原价配置比例趋势图①

① 数据来源:据《工业企业科技活动统计年鉴》整理而得。

从科技设施分行业的配置来看,与科技创新生产密切相关的行业往往在创新设施上会有更高的投入(表4.4)。

表4.4　我国主要年份仪器设备原价行业分布情况　　单位:万元

行业	2005年	2010年	2015年	2019年
煤炭开采和洗选业	88 315	402 081	595 061.0	269 124
石油和天然气开采业	251 895	393 092.9	565 473.0	439 278
黑色金属矿采选业	1 139	140 575.6	56 049.8	116 343
有色金属矿采选业	15 427	69 150.0	49 702.2	138 592
非金属矿采选业	5 027	20 525.7	43 604.2	136 446
农副食品加工业	114 989	269 793.4	805 039.1	1 077 273
食品制造业	84 163	198 227.2	628 287.0	1 323 953
酒、饮料和精制茶制造业	178 579	429 420.6	808 993.9	682 495
烟草制品业	93 311	109 600.4	272 454.8	477 634
纺织业	299 061	637 398.5	1 308 796.2	1 434 080
纺织服装、服饰业	35 763	120 932.3	427 004.9	471 336
皮革、毛皮、羽毛及其制品和制鞋业	17 842	77 139.0	14 4371.0	230 665
木材加工和木、竹、藤、棕、草制品业	26 425	43 795.0	184 260.2	335 758
家具制造业	23 445	48 232.5	125 417.5	319 903
造纸和纸制品业	87 341	243 494.4	509 887.2	985 446
印刷和记录媒介复制业	30 591	153 091.7	490 862.9	738 738
文教、工美、体育和娱乐用品制造业	22 813	59 552.2	330 236.6	509 289
石油加工、炼焦和核燃料加工业	149 312	250 862.2	682 940.5	1 538 892
化学原料和化学制品制造业	723 246	1 327 987.7	5 089 127.8	10 271 284
医药制造业	288 139	902 805.2	2 973 793.5	4 206 705
化学纤维制造业	122 639	314 599.4	695 941.1	1 116 527
橡胶和塑料制品业	242 203	932 130.5	1 819 578.9	3 156 025

续表 4.4

行业	2005 年	2010 年	2015 年	2019 年
非金属矿物制品业	332 092	542 476.3	1 775 629.7	3 408 977
黑色金属冶炼和压延加工业	553 732	1 135 084.8	1 965 950.1	3 701 203
有色金属冶炼和压延加工业	250 024	687 135.7	2 193 239.8	2 396 732
金属制品业	63 445	298 566.0	2 018 064.7	3 515 916
通用设备制造业	532 761	1 650 553.9	4 463 628.4	6 065 840
专用设备制造业	332 040	1 257 949.2	3 003 747.5	4 248 741
交通运输设备制造业	1 154 218	3 610 738.0	7 446 635.6	12 430 434
电气机械和器材制造业	733 617	2 488 487.8	6 885 227.5	11 549 920
计算机、通信和其他电子设备制造业	1 597 205	4 206 374.7	8 435 839.7	13 334 372
仪器仪表制造业	108 380	317 705.7	960 425.8	1 259 435
其他制造业	27 308	188 886.4	316 660.3	422 144
电力、热力生产和供应业	84 872	241 631.1	614 813.3	1 495 065
燃气生产和供应业	1 020	2 145.8	17 658.2	99 283
水的生产和供应业	65 219	11 848.1	67 375.0	109 726

数据来源:据《中国科技统计年鉴》整理而得。

2005 年至 2019 年,科研设施投入最高的行业始终为计算机、通信和其他电子设备制造业,从 160 亿元提高到 1 333 亿元。紧随其后的行业为交通运输设备制造业、电气机械和器材制造业、化学原料和化学制品制造业、通用设备制造业、专用设备制造业等,这些高科技行业仪器设备原价 2019 年均达到 400 亿元以上。非金属矿采选业、有色金属矿采选业、黑色金属矿采选业、燃气生产和供应业、水的生产和供应业等传统产业位列最后,2019 年科技设施投入低于 20 亿元。由这些科技设施的分布可以看出我国传统行业和新兴行业、高科技行业在科技活动中的差别,也能够看出产业、行业调整的状况。

2. 创新成果的分布

基于上述创新资源的配置及分布，创新成果的分布也具有一定的区域性（图4.12）。东部地区的专利申请量占我国专利申请总量的绝大比例，中部、西部地区的专利申请量占比偏小，这种结构差异在2016年之后有增大的趋势。1995年，东、中、西部地区专利申请量占总量比重分别为62.97%、21.79%和15.24%，随后中部、西部地区的专利申请量占比经历了U形曲线的变化，在2005—2009年均呈现走低的趋势，2010年开始逐步增加。至2019年该比例变为70.23%、17.97%和11.80%，东部占比在扩大，而中部、西部比例都下降，科技信息资源配置呈现向东部地区集中趋势，区域间的差距越来越显著。

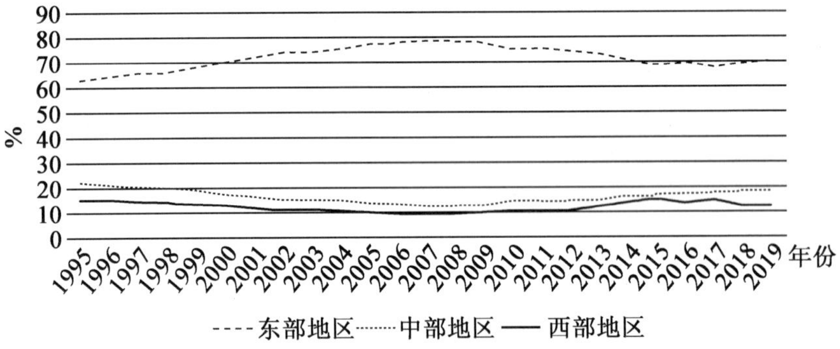

图4.12　我国东、中、西部地区专利申请占比变动对比图①

从专利申请量的分省份情况来看，差距尤为明显，江苏、浙江、广东三省的专利申请量领先后都有显著增长，尤其是东部省份，其中江苏、浙江、广东三省专利申请量远远领先于其他省份，其2019年专利申请占全国比例为43.81%，而最后三名省份宁夏、青海、西藏专利申请占全国比例仅为0.4%。

1985年，中国、英国、美国、日本、加拿大、德国、法国、意大利这

① 数据来源：据《中国科技统计年鉴》整理而得。

几个国家专利申请量总和为 410 102 个，我国仅为 4 065 个，占比约为 1%（图 4.13）。至 2000 年，我国专利申请量为 25 346 个，年均增速为 13%。2000 年后我国的专利申请量呈指数型增长，截至 2019 年，我国申请专利数为 124.35 万个，占上述几个国家专利申请量总和比为 66.85%，年均增速为 20.37%，与其他国家相比遥遥领先，成为专利申请量最多的国家。

三方专利族[①]数量也呈逐年稳步增长的良好态势（图 4.14），1995 年我国的三方专利族数量占上述国家三方专利族总数比为 0.07%，严重落后于其他国家。随着经济和科技不断发展，我国逐步赶超了德国、英国、意大利、加拿大、法国等国家。截至 2016 年，我国三方专利族数为 3 890 个，占上述主要国家三方专利族数总和比为 8.54%。2016 年三方专利族数美国占 31.22%、日本占 38.18%、德国占9.92%，我国与这三个国家仍有一定差距仍。所以，虽然整体专利数量增长趋势向好，但被国际上认可、具有一定国际性的专利还有一定差距，科技创新的国际性和前沿性有待进一步提升。

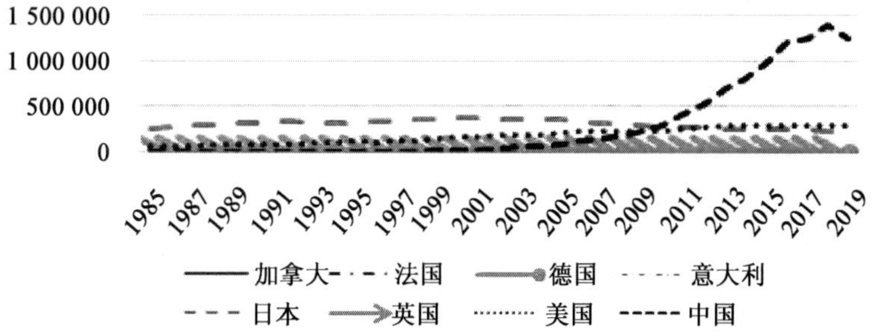

图 4.13　我国及世界主要国家专利申请情况对比图[②]

① 数据来源：据《中国科技统计年鉴》整理而得。

② 数据来源：据世界银行世界发展指标（WDI）数据库和 OECD 数据库整理而得。

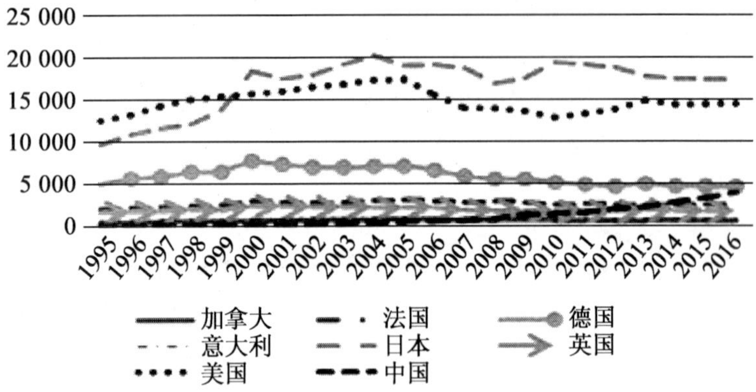

图 4.14　我国及世界主要国家三方专利族情况对比图①

商标是企业知识产权和最主要的无形资产之一，对于商标申请量，我国也同样实现了跨越式提升。2000 年以前每万人申请量不到 1 个，2000 年以后数量快速增加，在我国先后提出自主创新战略，并鼓励“大众创业、万众创新”后，到 2019 年达到每万人商标申请数为 55.97个（表 4.5），与表中世界主要国家相比排名第一。

表 4.5　中国及世界主要国家每万人商标申请数　　单位：个

国别	1980 年	排名	1990 年	排名	2000 年	排名	2010 年	排名	2019 年	排名
中国	0.27	8	0.50	8	1.68	8	7.88	6	55.97	1
日本	10.89	1	13.91	2	11.54	4	8.87	5	14.93	5
英国	3.57	4	6.92	4	7.23	7	5.78	8	15.80	3

① 三方专利族：三方同族专利是 OECD 关于创新与技术指标中的重要统计指标，指来自欧洲专利局、日本专利局、美国专利局与商标局保护同一发明的一组专利。专利族亦称专利家族，即把具有共同优先权的在不同国家或国际专利组织多次申请、多次公布或批准的内容相同或基本相同的一组专利文献称作专利族。

续表 4.5

国别	1980 年	排名	1990 年	排名	2000 年	排名	2010 年	排名	2019 年	排名
德国	2.79	5	5.72	6	12.02	3	9.25	3	9.44	7
法国	8.32	2	16.16	1	19.08	1	14.84	1	15.77	4
意大利	2.76	6	6.46	5	7.99	6	7.01	7	7.06	8
加拿大	6.22	3	9.29	3	15.09	2	13.32	2	18.22	2
美国	2.06	7	5.09	7	10.36	5	9.09	4	14.95	6

数据来源:据世界银行世界发展指标(WDI)数据库整理而得。

4.3　本章小结

本章主要通过梳理我国科技政策,对国家扶持科技创新活动及创新资源配置的政策变化进行了梳理,并对我国 R&D 人员和 R&D 经费配置的现状进行了分析,与世界主要发达国家的创新资源配置及产出成果进行了对比。可以看出,我国创新资源配置的总体规模与世界主要发达国家相比具有一定的潜力和优势,但值得注意的是我国仍然面临 R&D 人才储备不足。从创新资源配置的内部结构上看,在基础研究和应用研究方面存在发展短板,资源配置不合理导致不同类型 R&D 活动受限;由于资源的流动性,各区域间由于经济增长不平衡导致 R&D 人员配置不平衡;而从其产出效应看,创新成果数量较多,但质量无明显优势,创新成果转化生产力的能力较弱,对我国产业转型升级的支持力度有待提高。

第5章 创新资源配置测度及空间分布特征

本章借助不同区域、不同行业的创新资源数据,从单一资源配置和多资源配置两个角度进行测度:借助反映结构变化的 Lilien 指数测度 R&D 人员和 R&D 经费单一配置状况;借助 Hsieh & Klenow (2009)的资源错配理论框架测算不同区域和行业的 R&D 人员和 R&D 经费单一资源错配系数;将创新活动过程视为创新资源的投入产出过程,借助 Malmquist 指数测算创新资源综合配置效率指数。综合三种资源配置测度方法和结果,进行区域间、行业间配置的对比研究,探讨我国不同区域、不同行业创新资源错配的状况及特征。

5.1 单一资源配置 Lilien 指数测度及空间分布特征

Lilien 指数是 Lilien 于 1982 年提出来的,用以测量产业及产业部门间结构变化的一种指数,是一种重要的结构变化测度指数。通过将部门与产业间的要素配置进行对比,测度各部门与产业间的要素配置偏离程度。该指数测度的是 t 和 $t-1$ 两个时期要素在部门间增长率与区域间该要素增长率之间的偏差。其优点在于既有时间上的对比,又有空间上的关联,是研究产业和区域间资源配置的有效方法。Lilien 指数有两个缺陷:一是不能保证相邻两个时期的要素配置结构变化与时间序列是不相关的;二是不能保证一个周期内的结构变化应该小于或等于两个周期内的变化,而这两个条件是任何一个测度结构变化的指数所应具备的特征。Muhammad 等(2014)针对上述缺陷提出了修正的 Lilien 指数。该指数的表达式为

$$\text{Lilien} = \text{SQRT}\left\{\sum_{i=1}^{n} W_i \cdot \left[\ln\left(\frac{x_{irt}}{x_{irt-1}}\right) - \ln\left(\frac{X_{rt}}{X_{rt-1}}\right)\right]^2\right\} \tag{5.1}$$

式中,W_t——从 $t-1$ 到 t 时期各部门的就业人数(或固定资产投资数)占区域总就业(或投资)的平均份额;

x_{irt}——t 时期区域 r 中部门 i 的就业人数(或固定资产投资数);

X_{rt}——t 时期区域 r 的总就业人数(或固定资产投资数);

$\ln\left(\frac{x_{irt}}{x_{irt-1}}\right)$——$t$ 时期区域 r 的 i 部门的就业(或投资)增长率;

$\ln\left(\frac{X_{rt}}{X_{rt-1}}\right)$——$t$ 时期区域 r 的就业(或投资)增长率。

修正的 Lilien 指数通过比较部门与产业间的要素配置,测度各部门与产业间要素分配的偏离程度来反映要素配置的效率。指数取值越大,说明要素配置的偏离度越大,配置效率越差,错配程度越高;指数取值越小,说明偏离度越小,配置效率越高,错配程度越小。

借鉴 Lilien 指数在生产要素配置中的计算公式,此处用以计算创新资源配置状况,用各区域或行业的 R&D 人员代表创新活动就业人数,各区域或行业的 R&D 经费内部支出代表创新活动投资数:

W_t 表示从 $t-1$ 到 t 时期各部门的 R&D 人员数占区域总 R&D 人员数的比(或 R&D 经费支出占区域 R&D 经费支出的比);

x_{irt}表示 t 时期区域 r 中部门 i 的 R&D 人员数(或 R&D 经费支出);

X_{rt}表示 t 时期区域 r 的总 R&D 人员数(或总 R&D 经费支出);

$\ln(x_{irt}/x_{irt-1})$表示 t 时期区域 r 的 i 部门的 R&D 人员(或 R&D 经费支出)的增长率;

$\ln(X_{rt}/X_{rt-1})$表示t时期区域r的 R&D 人员(或 R&D 经费支出)的增长率。

5.1.1 分区域创新资源配置 Lilien 指数测度

依据 Lilien 指数的公式及创新资源的要素特征,基于数据可获取性,本书对于分区域的创新资源配置 Lilien 指数的测度选取 2000—2019 年各省份 R&D 人员全时当量及 R&D 经费内部支出数据(测度结果详见本书附录部分附表 1 和附表 2),原始数据均来源于《中国科技统计年鉴》,主要年份数据见表 5.1 和表 5.2。

表 5.1 2001—2019 年主要年份各区域 R&D 人员配置 Lilien 指数

省份	年份			
	2001	2010	2015	2019
北京	0.022	0.029	0.003	0.021
天津	0.001	0.002	0.013	0.049
河北	0.010	0.002	0.007	0.004
山西	0.011	0.018	0.019	0.013
内蒙古	0.009	0.002	0.003	0.027
辽宁	0.009	0.012	0.032	0.013
吉林	0.042	0.004	0.003	0.018
黑龙江	0.030	0.004	0.018	0.026
上海	0.039	0.021	0.002	0.011
江苏	0.022	0.012	0.010	0.010
浙江	0.089	0.022	0.017	0.019
安徽	0.012	0.006	0.003	0.025
福建	0.011	0.015	0.015	0.008
江西	0.025	0.007	0.007	0.037

续表5.1

省份	年份			
	2001	2010	2015	2019
山东	0.017	0.010	0.007	0.057
河南	0.001	0.003	0.006	0.014
湖北	0.009	0.007	0.010	0.014
湖南	0.008	0.003	0.009	0.007
广东	0.024	0.030	0.008	0.012
广西	0.038	0.002	0.009	0.024
海南	0.010	0.002	0.001	0.001
重庆	0.002	0.007	0.005	0.010
四川	0.053	0.027	0.008	0.006
贵州	0.010	0.003	0.003	0.010
云南	0.002	0.004	0.025	0.015
陕西	0.028	0.007	0.012	0.025
甘肃	0.010	0.009	0.006	0.019
青海	0.005	0.002	0.007	0.045
宁夏	0.002	0.010	0.002	0.003
新疆	0.004	0.001	0.005	0.052

注:西藏数据不可获取,此表不包含西藏数据。

表5.1显示,2001—2019年,各地的R&D人员配置Lilien指数波动性较大,整体配置效率随指数值略为升高而下降,配置效率存在明显的区域不平衡特征,且区域差异越来越大。北京、河北、吉林、黑龙江、上海、江苏、浙江、广东、广西、海南、陕西等地的配置Lilien指数值下降明显,说明R&D人员配置效率总体是提升的,而在2019年天津、内蒙古、黑龙江、安徽、江西、山东、广西、陕西、青海、新疆这些地区的R&D人员配置Lilien指数值较高,说明配置效率仍然较低。整体来看,各地

区的 R&D 人员配置效率波动性较大,区域差异也较大。

表 5.2　2001—2019 年主要年份各区域 R&D 经费配置的 Lilien 指数

省份	年份			
	2001	2010	2015	2019
北京	0.020	0.003	0.001	0.021
天津	0.023	0.010	0.001	0.064
河北	0.027	0.009	0.005	0.003
山西	0.007	0.010	0.024	0.012
内蒙古	0.000	0.000	0.002	0.006
辽宁	0.021	0.003	0.053	0.006
吉林	0.007	0.030	0.001	0.049
黑龙江	0.018	0.010	0.013	0.013
上海	0.007	0.019	0.001	0.001
江苏	0.028	0.001	0.000	0.005
浙江	0.016	0.005	0.006	0.009
安徽	0.016	0.002	0.001	0.011
福建	0.014	0.006	0.003	0.015
江西	0.022	0.006	0.004	0.034
山东	0.002	0.018	0.002	0.076
河南	0.003	0.001	0.000	0.017
湖北	0.018	0.003	0.002	0.012
湖南	0.011	0.000	0.005	0.022
广东	0.034	0.006	0.010	0.006
广西	0.017	0.008	0.012	0.009
海南	0.004	0.000	0.003	0.004
重庆	0.020	0.004	0.014	0.006

续表 5.2

省份	年份			
	2001	2010	2015	2019
四川	0.019	0.002	0.005	0.017
贵州	0.006	0.005	0.002	0.020
云南	0.002	0.002	0.013	0.015
陕西	0.020	0.011	0.003	0.009
甘肃	0.001	0.006	0.001	0.003
青海	0.009	0.003	0.010	0.020
宁夏	0.009	0.004	0.001	0.022
新疆	0.009	0.000	0.002	0.043

注:西藏数据不可获取,此表不包含西藏数据。

表 5.2 显示,2001 年至 2019 年 R&D 经费整体配置效率随着指数值增大有下降趋势,且区域差异性越来越大,各地区 R&D 经费配置 Lilien 指数值明显下降的地区有辽宁、黑龙江、上海、浙江、安徽、湖北、广东、广西、重庆、四川、陕西等地,说明整体配置效率是在不断上升。2019 年东部沿海地区配置效率明显高于中部、西部地区,可以看到 R&D 经费配置 Lilien 指数值较低的地区主要有河北、内蒙古、辽宁、上海、江苏、浙江、广东、广西、海南、重庆、陕西、甘肃等地,说明 R&D 经费配置效率较高。而天津、山东、湖南、宁夏、青海、新疆地区 Lilien 指数明显偏高,配置效率偏低。其中天津、山东、新疆三个地区的效率偏低源于 2019 年 R&D 经费投入相对于 2018 年明显下降。

5.1.2　分行业创新资源配置 Lilien 指数测度

依据 Lilien 指数的公式及创新资源的要素特征,测度规模以上企业在工业各行业创新资源配置的效率(表 5.3 和表 5.4),基础数据均来源于《中国科技统计年鉴》,时间范围是 2011—2019 年。对 2011 年至 2019 年间公布的不一致的行业以国家统计局最新公布的《国民经济行业分类》(GB/T 4754—2017)中的行业归属为准进行整合。

表 5.3　2012—2019 年按行业分规模以上工业企业 R&D 人员配置的 Lilien 指数

所属行业	年份							
	2012	2013	2014	2015	2016	2017	2018	2019
煤炭开采和洗选业	0.027	0.004	0.009	0.023	0.014	0.004	0.039	0.006
石油和天然气开采业	0.040	0.004	0.005	0.019	0.003	0.013	0.048	0.005
黑色金属矿采选业	0.000	0.002	0.000	0.005	0.002	0.012	0.000	0.005
有色金属矿采选业	0.001	0.002	0.002	0.002	0.008	0.003	0.004	0.001
非金属矿采选业	0.011	0.000	0.005	0.009	0.003	0.001	0.000	0.006
农副食品加工业	0.007	0.017	0.009	0.003	0.013	0.005	0.014	0.005
食品制造业	0.004	0.005	0.001	0.011	0.005	0.006	0.012	0.005
酒、饮料和精制茶制造业	0.001	0.017	0.004	0.010	0.002	0.003	0.005	0.013
烟草制品业	0.001	0.004	0.010	0.003	0.008	0.009	0.005	0.009
纺织业	0.027	0.001	0.001	0.012	0.001	0.001	0.007	0.021
纺织服装、服饰业	0.039	0.001	0.021	0.012	0.001	0.002	0.001	0.001
皮革、毛皮、羽毛及其制品和制鞋业	0.016	0.003	0.007	0.009	0.003	0.004	0.002	0.017
木材加工和木、竹、藤、棕、草制品业	0.015	0.005	0.009	0.012	0.004	0.004	0.007	0.007
家具制造业	0.017	0.006	0.008	0.002	0.013	0.016	0.010	0.006

续表 5.3

所属行业	年份							
	2012	2013	2014	2015	2016	2017	2018	2019
造纸和纸制品业	0.002	0.003	0.004	0.004	0.001	0.001	0.021	0.006
印刷业和记录媒介复制业	0.000	0.006	0.001	0.005	0.011	0.008	0.006	0.008
文教、工美、体育和娱乐用品制造业	0.058	0.002	0.007	0.011	0.007	0.007	0.010	0.003
石油加工、炼焦和核燃料加工业	0.001	0.022	0.012	0.004	0.014	0.011	0.001	0.004
化学原料和化学制品制造业	0.004	0.005	0.003	0.003	0.014	0.020	0.024	0.023
医药制造业	0.002	0.008	0.005	0.008	0.002	0.017	0.010	0.018
化学纤维制造业	0.011	0.001	0.001	0.006	0.008	0.007	0.007	0.004
橡胶和塑料制品业	0.024	0.013	0.003	0.002	0.013	0.007	0.009	0.010
非金属矿物制品业	0.006	0.019	0.005	0.003	0.007	0.012	0.007	0.016
黑色金属冶炼和压延加工业	0.017	0.011	0.001	0.045	0.018	0.001	0.065	0.007
有色金属冶炼和压延加工业	0.013	0.012	0.005	0.009	0.006	0.006	0.016	0.002
金属制品业	0.058	0.014	0.002	0.007	0.007	0.003	0.017	0.018
通用设备制造业	0.007	0.000	0.012	0.008	0.003	0.014	0.001	0.010
专用设备制造业	0.018	0.006	0.020	0.005	0.000	0.001	0.002	0.007

续表 5.3

所属行业	年份							
	2012	2013	2014	2015	2016	2017	2018	2019
交通运输设备制造业	0.010	0.015	0.001	0.011	0.005	0.006	0.011	0.028
电气机械和器材制造业	0.015	0.006	0.004	0.005	0.003	0.002	0.004	0.002
计算机、通信和其他电子设备制造业	0.015	0.031	0.002	0.015	0.006	0.019	0.041	0.031
仪器仪表制造业	0.024	0.006	0.001	0.010	0.000	0.003	0.008	0.004
其他制造业	0.031	0.017	0.002	0.026	0.007	0.003	0.000	0.002
电力、热力生产和供应业	0.003	0.004	0.025	0.002	0.005	0.016	0.010	0.017
燃气生产和供应业	0.003	0.007	0.019	0.003	0.008	0.006	0.002	0.009
水的生产和供应业	0.011	0.008	0.002	0.000	0.005	0.001	0.001	0.008

利用表5.3数据计算各年的R&D人员配置Lilien指数2012—2019年的平均数，煤炭开采和洗选业，石油和天然气开采业，化学原料和化学制品制造业，橡胶和塑料制品业，非金属矿物制品业，黑色金属冶炼和压延加工业，通用设备制造业，计算机、通信和其他电子设备制造业等行业平均指数值偏高，说明这些行业在R&D人员配置方面效率偏低；单从2019年的数据可以看到，纺织业，化学原料和化学制品制造业，医药制造业，非金属矿物制品业，金属制品业，交通运输设备制造业，计算机、通信和其他电子设备制造业这些行业平均指数值偏高，配置效率偏低。

利用表5.4数据计算各年的R&D经费配置Lilien指数2012—2019年的平均数，煤炭开采和洗选业，石油和天然气开采业，农副食品加工业，纺织服装、服饰业，皮革、毛皮、羽毛及其制品和制鞋业，文教体育用品制造业，石油加工、炼焦和核燃料加工业，非金属矿物制品业，黑色金属冶炼和压延加工业，有色金属冶炼和压延加工业，金属制品业，交通运输设备制造业，计算机、通信和其他电子设备制造业等行业的平均指数值偏高，即R&D经费配置效率偏低。2019年数据显示，煤炭开采和洗选业，有色金属矿采选业，皮革、毛皮、羽毛及其制品和制鞋业，造纸和纸制品业，石油加工、炼焦和核燃料加工业，化学原料和化学制品制造业，非金属矿物制品业，金属制品业，交通运输设备制造业这几大行业指数值偏高，配置效率低。

综上数据可以看出，我国单一创新资源配置效率存在以下问题：一是区域发展不平衡现象严重，部分省份配置效率高，仍有部分省份配置远远落后于其他省份；二是R&D人员和R&D经费配置效率同时较低的行业集中在煤炭开采和洗选业，石油和天然气开采业，非金属矿物制品业，黑色金属冶炼和压延加工业，计算机、通信和其他电子设备制造业等；二是创新资源配置效率情况不稳定，Lilicn指数忽高忽低，整体而言存在错配，地区之间及行业内部的创新资源分配方式需要调整和优化。下一节将通过测算分区域和行业的创新资源错配系数进一步讨论创新资源的错配现象及程度。

表 5.4　2012—2019 年按行业分规模以上工业企业 R&D 经费配置的 Lilien 指数

所属行业	年份							
	2012	2013	2014	2015	2016	2017	2018	2019
煤炭开采和洗选业	0.012	0.019	0.017	0.017	0.021	0.003	0.011	0.046
石油和天然气开采业	0.012	0.019	0.006	0.035	0.006	0.019	0.034	0.002
黑色金属矿采选业	0.006	0.003	0.001	0.002	0.001	0.013	0.013	0.001
有色金属矿采选业	0.014	0.008	0.009	0.000	0.006	0.002	0.003	0.022
非金属矿采选业	0.004	0.007	0.007	0.001	0.001	0.001	0.005	0.005
农副食品加工业	0.029	0.014	0.003	0.003	0.008	0.000	0.018	0.010
食品制造业	0.016	0.002	0.003	0.012	0.004	0.014	0.001	0.012
酒、饮料和精制茶制造业	0.004	0.011	0.007	0.017	0.002	0.010	0.005	0.002
烟草制品业	0.001	0.002	0.008	0.004	0.003	0.008	0.010	0.003
纺织业	0.024	0.001	0.001	0.011	0.004	0.005	0.002	0.005
纺织服装、服饰业	0.042	0.007	0.003	0.010	0.007	0.005	0.013	0.004
皮革、毛皮、羽毛及其制品和制鞋业	0.026	0.005	0.004	0.011	0.004	0.000	0.012	0.016
木材加工和木、竹、藤、棕、草制品业	0.005	0.014	0.005	0.012	0.008	0.002	0.011	0.004
家具制造业	0.017	0.017	0.005	0.007	0.010	0.010	0.008	0.000

续表 5.4

所属行业	年份							
	2012	2013	2014	2015	2016	2017	2018	2019
造纸和纸制品业	0.013	0.000	0.001	0.003	0.004	0.007	0.008	0.014
印刷业和记录媒介复制业	0.005	0.004	0.001	0.000	0.010	0.003	0.009	0.006
文教、工美、体育和娱乐用品制造业	0.060	0.019	0.014	0.003	0.011	0.000	0.003	0.002
石油加工、炼焦和核燃料加工业	0.009	0.006	0.007	0.014	0.009	0.012	0.009	0.017
化学原料和化学制品制造业	0.005	0.009	0.004	0.005	0.009	0.003	0.025	0.014
医药制造业	0.023	0.012	0.002	0.009	0.003	0.001	0.002	0.006
化学纤维制造业	0.010	0.009	0.001	0.003	0.002	0.013	0.002	0.002
橡胶和塑料制品业	0.009	0.000	0.004	0.003	0.008	0.001	0.006	0.006
非金属矿物制品业	0.004	0.022	0.005	0.007	0.011	0.004	0.010	0.025
黑色金属冶炼和压延加工业	0.005	0.035	0.024	0.055	0.034	0.020	0.007	0.039
有色金属冶炼和压延加工业	0.032	0.007	0.003	0.007	0.000	0.006	0.022	0.001
金属制品业	0.056	0.010	0.003	0.006	0.009	0.007	0.008	0.017
通用设备制造业	0.007	0.000	0.005	0.015	0.009	0.012	0.005	0.009
专用设备制造业	0.008	0.010	0.013	0.008	0.017	0.001	0.013	0.002

续表 5.4

所属行业	年份							
	2012	2013	2014	2015	2016	2017	2018	2019
交通运输设备制造业	0.012	0.001	0.013	0.007	0.011	0.014	0.001	0.026
电气机械和器材制造业	0.020	0.001	0.005	0.004	0.001	0.008	0.005	0.004
计算机、通信和其他电子设备制造业	0.024	0.007	0.000	0.027	0.011	0.003	0.022	0.002
仪器仪表制造业	0.021	0.006	0.002	0.001	0.008	0.004	0.002	0.007
其他制造业	0.012	0.013	0.009	0.014	0.004	0.004	0.001	0.001
电力、热力生产和供应业	0.008	0.007	0.004	0.017	0.007	0.004	0.004	0.007
燃气生产和供应业	0.008	0.011	0.009	0.002	0.002	0.007	0.003	0.004
水的生产和供应业	0.011	0.000	0.004	0.004	0.001	0.004	0.001	0.008

5.2　单一资源错配系数测度及空间分布特征

根据 Hsieh & Klenow(2009)的资源错配理论框架,构建柯布 - 道格拉斯创新生产函数,利用式(3.39)可测算出单一创新资源的相对错配系数。仍然选择“研究与试验发展(R&D)人员全时当量”和“研究与试验发展(R&D)经费内部支出”两个指标反映创新活动的人力投入和财力投入。

创新活动作为知识生产过程,与其他生产过程一样,不仅受当期投入流量的影响,也取决于过去时期的投入量,从而创新投入并不是 R&D 经费内部支出的当期流量,需要转化成 R&D 经费存量作为创新活动的投入。

具体估算过程如下:

平减 R&D 经费内部支出。参考朱平芳和徐伟民(2003)、吴延兵(2008)等学者的做法,采用替代指标法,将居民消费价格指数和固定资产价格指数进行加权平均,权重分别为 0.55 和 0.45,构建 R&D 经费内部支出价格指数,将 2000 年作为基期,对 R&D 经费内部支出指标进行平减,剔除价格因素,得到以 2000 年为不变价格的实际 R&D 经费内部支出。

确定期初资本存量。假定 R&D 资本存量的增长速度(平均增长率)与不变价 R&D 经费内部支出的平均增长率相同,从而期初 R&D 资本存量为 $\mathrm{RDK}_{i_0} = \dfrac{E_{i1}}{g_i + \delta_i}$,其中 E_{i1} 是表示第 i 个地区第 1 期的不变价 R&D 经费内部支出,g_i 为第 i 个地区不变价 R&D 经费内部支出的平均增长率。

确定平均增长率 g_i。参考 Sliker(2007)的做法,采用线性回归法估计各地区平均增长率。线性回归模型为:$\mathrm{Ln}E_i = \alpha_i + m_i t + \varepsilon_i$,$m_i$ 为第 i 个地区斜率参数,$g_i = e^{m_i} - 1$。

将各参数和指标代入计算公式,即可算得 R&D 经费内部支出存量。

关于产出指标的选取，尽管使用专利数据作为技术创新的产出指标存在一定局限性，但由于专利数据易于获取，同时专利和技术创新关系密切，并且专利标准客观、变化缓慢，所以专利不失为测量技术创新产出相当可靠的指标（Griliches，1990；Zoltan 等，2002）。国外学者相当一部分是以专利作为衡量技术创新的主要变量（Kortum & Lerner，2000；Colapinto，2007）。

对于选取专利申请量还是专利授权量作为衡量技术创新产出指标，国外学者论证了专利申请量比专利授权量更能反映技术创新的真实水平（Griliches，1990；Mark，2000；Zoltan 等，2002），他们认为专利申请量很少受到专利授权机构审查能力的约束，更能反映出一个地区技术创新能力随时间的变化情况。

基于数据可获取性，本书首先选取各省份 R&D 人员全时当量及 R&D 经费内部支出数据（2001—2019 年）进行区域创新资源错配系数的测算。进一步测算分行业错配系数时，发现分行业的数据仅有 2011—2019 年的规模以上工业企业数据，因此从分区域和分行业两个角度测算了创新资源错配系数。

5.2.1 分区域创新资源错配系数测度

各区域创新劳动要素（R&D 人员全时当量）相对错配系数（MISL）和资本要素（R&D 经费内部支出）相对错配系数（MISK）的测度结果见表 5.5 至表 5.7（详细结果见本书附录部分附表 3 和附表 4）。

表 5.5 主要年份创新劳动要素相对错配系数（MISL）表

省份	年份					总平均
	2001	2005	2010	2015	2019	
北京	1.170	1.870	1.611	1.199	1.327	1.485
天津	2.319	1.416	2.156	2.371	1.841	2.033
河北	2.172	3.886	5.835	4.475	2.550	4.180
山西	2.438	5.074	4.137	3.253	2.100	3.476

续表 5.5

省份	年份					总平均
	2001	2005	2010	2015	2019	
内蒙古	1.994	4.152	7.344	5.956	2.047	4.892
辽宁	2.538	2.516	2.849	3.732	3.308	3.130
吉林	2.039	3.087	6.699	5.078	2.605	4.208
黑龙江	3.626	4.981	7.926	3.444	3.141	4.549
上海	1.138	0.946	1.690	2.451	2.046	1.756
江苏	0.612	0.488	0.343	0.497	0.549	0.447
浙江	0.837	0.915	1.764	1.810	2.345	1.452
安徽	0.663	0.741	0.241	0.297	0.373	0.475
福建	1.139	1.422	2.537	1.772	1.633	1.844
江西	0.448	0.680	0.925	0.338	0.388	0.591
山东	0.649	0.808	1.162	1.218	1.048	1.093
河南	1.963	2.092	2.859	2.423	1.891	2.333
湖北	2.859	2.451	2.788	2.604	2.256	2.669
湖南	2.414	2.590	3.737	3.884	3.423	3.365
广东	0.336	0.320	0.842	0.843	0.745	0.659
广西	1.551	3.724	6.329	1.336	2.163	3.057
海南	0.573	0.978	3.686	3.031	1.474	2.105
重庆	2.409	1.941	1.548	1.133	2.773	2.024
四川	2.126	2.306	1.476	1.197	1.845	1.769
贵州	2.221	1.613	2.422	1.459	1.211	1.665
云南	0.560	0.821	1.093	0.984	0.891	0.919
陕西	2.427	2.095	1.002	0.622	0.789	1.329
甘肃	1.731	1.158	1.426	0.665	0.441	1.158
青海	2.752	4.402	5.718	1.755	1.551	3.732
宁夏	2.828	5.345	11.356	4.432	3.420	5.190
新疆	1.514	2.251	4.651	2.550	2.161	2.791

注:西藏数据不可获取,此表不包含西藏数据。

依据 Hsieh & Klenow(2009)的资源错配理论框架,若某产业(行业)创新资源的价格相对扭曲系数大于1,说明这个产业(行业)会以较低的成本配置创新资源,会导致其更倾向于配置成本低的创新资源,既会对其他资源产生挤出效应,也会挤占其他产业(行业)对该创新资源的配置;小于1意味着创新资源成本较高,配置不足。表5.5显示,2001—2019年间,在R&D人员配置上,河北、山西、内蒙古、辽宁、吉林、黑龙江、湖南、广西、青海、宁夏几个地区错配系数大于3,说明相对于当地的创新产出,R&D人员配置过量,且以中部、西部地区较为明显,意味着中部、西部地区R&D人员投入成本低且创新人均产出效率较低。而江苏、安徽、江西、广东几个地区R&D人员配置明显不足,说明这些地区对R&D人员还有一定的吸纳性。整体来看,南北地区之间和东、中、西部地区之间差异显著。仅就2019年的数据看,黑龙江、辽宁、宁夏、湖南、湖北、上海、浙江、广西、重庆等地区R&D人员配置过量的现象较为明显,江苏、安徽、江西、陕西、甘肃、广东等地R&D人员由于成本过高导致配置不足的现象较为明显。

表5.6 主要年份R&D经费相对错配系数(MISK)表

省份	年份					总平均
	2001	2005	2010	2015	2019	
北京	2.567	3.037	2.758	2.113	2.203	2.560
天津	1.162	0.780	1.164	1.067	1.167	1.050
河北	0.917	1.446	2.018	1.450	1.046	1.512
山西	0.897	1.581	1.277	1.557	0.968	1.230
内蒙古	0.841	1.833	4.691	4.765	2.798	3.418
辽宁	1.130	1.284	1.373	2.284	1.732	1.627
吉林	0.776	1.198	1.640	1.467	0.860	1.280
黑龙江	0.624	0.890	1.397	0.778	0.811	0.900
上海	1.104	1.041	1.251	2.023	1.853	1.502

续表 5.6

省份	年份					总平均
	2001	2005	2010	2015	2019	
江苏	1.840	1.605	0.791	1.159	1.351	1.225
浙江	0.410	0.436	0.588	0.595	0.694	0.531
安徽	2.700	3.702	0.866	1.016	1.391	1.977
福建	0.684	0.824	1.155	1.045	0.785	0.943
江西	1.717	2.347	4.886	2.404	1.557	3.064
山东	0.852	0.989	1.267	1.498	1.601	1.306
河南	0.624	0.599	0.716	0.651	0.583	0.642
湖北	0.962	0.774	0.833	0.943	0.827	0.879
湖南	0.832	0.918	1.209	1.411	1.312	1.186
广东	0.594	0.513	0.713	0.839	0.631	0.677
广西	0.415	0.621	0.911	0.293	0.459	0.536
海南	0.887	1.709	2.464	2.635	1.531	2.049
重庆	0.614	0.568	0.508	0.411	0.996	0.636
四川	0.983	0.936	0.565	0.472	0.656	0.684
贵州	0.452	0.460	0.615	0.361	0.300	0.429
云南	2.860	4.912	5.537	4.565	4.486	4.761
陕西	2.210	2.263	0.858	0.554	0.668	1.242
甘肃	1.293	1.192	1.376	0.729	0.552	1.161
青海	1.295	2.228	1.890	0.941	0.676	1.637
宁夏	0.649	1.124	2.472	1.071	0.964	1.175
新疆	0.491	0.588	0.998	0.771	0.932	0.778

注:西藏数据不可获取,此表不包含西藏数据。

表 5.6 显示,2001—2019 年间,北京、内蒙古、江西、海南、云南等地区 R&D 经费相对错配系数大于 2,说明相对于创新产出 R&D 经费配置过高,而浙江、河南、湖北、广东、广西、重庆、四川、贵州、新疆等

地区 R&D 经费资源配置明显不足。仅就 2019 年的数据分布看，我国大部分地区处于 R&D 资本配置不足的状况，这与前文多数地区 R&D 人员配置过度形成对比，更加突显我国 R&D 经费区域性短缺的现象。而东部辽宁、北京、河北、山东、江苏以及内蒙古、安徽、江西、湖南地区 R&D 经费错配系数介于 1 ~ 2，说明 R&D 经费配置略为过量；云南 R&D 经费错配系数为 4.761，与其创新产出相比过量较为严重，R&D 经费产出效率低。

表 5.7　2001—2019 年东、中、西部地区创新资源错配系数汇总

年份	R&D 经费错配系数			R&D 人员错配系数		
	东部地区	中部地区	西部地区	东部地区	中部地区	西部地区
2001	0.951	1.096	1.158	0.902	1.439	0.942
2002	0.933	1.193	1.193	0.892	1.495	0.968
2003	0.938	1.202	1.160	0.894	1.434	1.021
2004	0.939	1.168	1.212	0.899	1.386	1.050
2005	0.915	1.508	1.151	0.865	1.842	0.976
2006	0.919	1.492	1.148	0.863	1.838	0.989
2007	0.918	1.569	1.119	0.878	1.825	0.967
2008	0.929	1.505	1.070	0.905	1.709	0.902
2009	0.933	1.564	0.994	0.922	1.782	0.791
2010	0.964	1.303	0.938	0.982	1.449	0.720
2011	0.954	1.418	0.928	0.979	1.571	0.669
2012	0.966	1.382	0.876	1.028	1.309	0.684
2013	0.987	1.391	0.778	1.053	1.341	0.623
2014	1.032	1.260	0.683	1.116	1.224	0.560
2015	1.056	1.212	0.640	1.161	1.163	0.521
2016	1.039	1.132	0.723	1.131	1.081	0.588

续表 5.7

年份	R&D 经费错配系数			R&D 人员错配系数		
	东部地区	中部地区	西部地区	东部地区	中部地区	西部地区
2017	1.084	1.010	0.670	1.192	0.976	0.561
2018	1.045	0.981	0.808	1.146	0.928	0.636
2019	1.021	1.031	0.860	1.094	1.059	0.647

由表 5.7 可以看出,2001—2019 年间,东部地区的 R&D 经费错配系数均接近于 1,而 R&D 人员在 2014 年以后呈现配置过度的状况,该状况在 2017 年以后逐年缓解;中部地区的 R&D 经费配置在 2017 年以前一直呈现过度状况,2017 年以后接近于 1,R&D 人员错配系数也基本呈现相同的变化;西部地区的 R&D 经费错配系数由大于 1 逐渐下降为小于 1,R&D 经费配置不足,在 2017 年以后再次逐年提高并接近于 1,而 R&D 人员错配系数自 2009 年以后呈现的小于 1 的现象,说明 R&D 人员配置不足。总体而言,东部地区的创新资源配置状况优于中部、西部地区,而西部地区相对差距较大。

本书还测算了分区域规模以上工业企业 R&D 人员全时当量配置的相对扭曲系数(MISL),测度结果见表 5.8。

表 5.8　2011—2019 年各地区规模以上工业企业 R&D 人员错配系数(MISL)表

省份	年份								
	2011	2012	2013	2014	2015	2016	2017	2018	2019
北京	0.586	0.461	0.549	0.560	0.496	0.551	0.673	0.604	0.549
天津	0.926	1.202	1.140	1.360	1.479	1.479	1.380	1.411	1.228
河北	3.766	3.416	3.543	4.019	4.112	3.739	3.938	3.016	2.718
山西	1.298	1.081	0.902	1.085	1.176	1.247	1.342	0.989	0.920
内蒙古	5.958	6.237	6.539	6.335	6.075	6.029	4.221	3.059	2.282
辽宁	0.514	0.536	0.544	0.596	0.616	0.646	0.652	0.666	0.624

续表 5.8

省份	年份								
	2011	2012	2013	2014	2015	2016	2017	2018	2019
吉林	5.249	7.498	6.635	7.717	8.937	7.418	7.082	3.443	2.060
黑龙江	3.661	2.893	2.678	2.873	2.695	2.856	2.695	2.133	1.604
上海	1.725	1.584	1.788	1.857	2.352	2.421	2.224	2.198	1.760
江苏	1.819	2.105	2.296	2.119	2.160	2.232	2.741	2.199	2.429
浙江	0.824	0.804	0.854	0.999	1.058	1.215	1.343	1.436	1.522
安徽	0.333	0.355	0.352	0.339	0.308	0.320	0.364	0.372	0.466
福建	2.056	2.131	1.927	1.940	1.558	1.567	1.683	2.035	1.899
江西	3.806	3.368	2.679	1.992	1.750	1.465	1.425	1.664	2.093
山东	2.659	2.707	2.724	2.646	2.948	3.004	2.833	2.723	2.556
河南	4.911	4.972	5.482	5.456	5.392	5.709	4.813	4.282	4.493
湖北	0.483	0.466	0.418	0.458	0.429	0.465	0.464	0.436	0.403
湖南	2.393	2.603	2.664	2.898	3.134	3.556	3.849	3.602	3.368
广东	0.654	0.756	0.715	0.639	0.676	0.562	0.513	0.610	0.589
广西	0.914	0.733	0.514	0.556	0.492	0.461	0.456	0.448	0.594
海南	1.488	1.822	1.650	2.246	3.477	2.696	2.629	2.143	1.600
重庆	0.719	0.772	0.748	0.901	0.600	0.804	1.126	1.254	1.444
四川	0.404	0.277	0.284	0.258	0.215	0.254	0.286	0.333	0.313
贵州	0.588	0.616	0.689	0.608	0.629	0.640	0.718	0.726	0.764
云南	1.102	1.070	0.922	0.959	1.025	0.901	1.194	1.239	1.300
陕西	2.031	2.204	2.162	2.513	2.210	2.271	2.288	1.935	1.774
甘肃	3.087	2.646	2.113	2.470	2.511	2.386	1.857	1.452	1.606
青海	3.947	3.854	2.614	2.451	1.943	1.457	1.458	0.844	1.444
宁夏	2.786	2.197	2.126	2.655	2.059	1.924	2.228	2.339	2.156
新疆	1.647	1.383	1.222	1.196	1.368	1.412	1.169	0.984	0.825

注:西藏数据不可获取,此表不包含西藏数据。

对于规模以上企业而言,其创新资源错配的区域性和总体创新资源错配的区域分布状况有明显不同,河北、内蒙古、吉林、江苏、山东、河南、湖南、宁夏等地的 R&D 人员相对配置过量,或者说,相对于这些地区的规模以上企业的创新产出而言,R&D 人员配置投入过量;而北京、辽宁、安徽、湖北、广东、广西、贵州、新疆等地的 R&D 人员全时当量配置明显不足。表 5.8 的结果与表 5.5 相比差异较大,源于统计口径不同。以北京为例,北京 R&D 人员全时当量占全国总量的 10% 左右,总量常年保持全国第一、二的位置,但其规模以上企业的 R&D 人员全时当量总量却进不了全国前十名。规模以上企业的 R&D 人员错配状况区域差异显著,但没有体现出明显的东、中、西部差异。

分区域规模以上工业企业 R&D 经费相对扭曲系数(MISK)的测度结果见表 5.9。

表 5.9　2011—2019 年各地区规模以上工业企业 R&D 经费错配系数(MISK)表

省份	年份								
	2011	2012	2013	2014	2015	2016	2017	2018	2019
北京	0.938	0.733	0.856	0.902	0.861	0.961	1.111	1.215	1.195
天津	3.245	3.282	2.808	2.843	2.666	2.809	3.170	3.562	3.386
河北	1.130	1.084	1.112	1.194	1.159	1.075	1.221	1.226	1.083
山西	0.775	0.685	0.556	0.636	0.757	0.748	0.700	0.647	0.604
内蒙古	3.712	3.377	3.040	3.037	2.596	2.575	2.222	2.496	1.978
辽宁	2.490	2.314	2.067	2.019	2.293	2.206	2.018	1.986	1.856
吉林	1.947	2.103	2.008	2.321	2.688	2.247	2.244	2.086	1.143
黑龙江	6.572	5.367	4.614	4.550	4.292	4.126	4.634	6.525	3.996
上海	1.228	1.137	1.209	1.257	1.484	1.478	1.472	1.598	1.431
江苏	0.734	0.803	0.856	0.790	0.764	0.817	1.012	0.922	0.973
浙江	0.598	0.595	0.626	0.724	0.705	0.851	0.930	0.963	0.958
安徽	0.925	0.910	0.918	0.902	0.835	0.935	1.089	1.280	1.537

续表 5.9

省份	年份								
	2011	2012	2013	2014	2015	2016	2017	2018	2019
福建	0.819	0.828	0.783	0.787	0.713	0.749	0.815	1.013	1.002
江西	0.687	0.740	0.572	0.495	0.418	0.355	0.294	0.282	0.324
山东	1.945	1.896	1.880	1.899	1.977	2.106	2.030	2.143	2.366
河南	0.896	0.942	0.977	0.993	1.009	1.130	1.062	1.055	1.103
湖北	2.494	2.541	2.349	2.669	2.662	2.792	2.900	2.782	2.504
湖南	1.286	1.359	1.545	1.778	1.815	2.168	2.269	2.280	2.262
广东	0.549	0.582	0.615	0.591	0.639	0.543	0.469	0.469	0.469
广西	0.721	0.460	0.350	0.351	0.341	0.310	0.359	0.354	0.375
海南	3.235	2.429	2.308	2.773	4.339	3.978	4.842	4.336	3.626
重庆	1.614	1.829	1.820	2.093	1.433	2.077	2.665	3.202	4.046
四川	2.831	1.737	1.874	1.819	1.728	2.145	2.162	2.761	2.862
贵州	1.196	1.146	1.101	1.095	1.201	1.276	1.281	1.450	1.495
云南	2.203	2.223	2.416	2.596	2.314	2.195	2.551	2.886	2.867
陕西	1.333	1.363	1.208	1.373	1.347	1.447	1.490	1.613	1.439
甘肃	1.057	0.807	0.657	0.717	0.816	0.804	0.757	0.802	0.848
青海	5.936	5.042	3.284	2.848	3.034	1.540	1.355	1.207	0.982
宁夏	0.072	0.776	0.768	0.882	0.730	0.718	0.791	0.922	0.843
新疆	0.897	0.893	0.807	0.836	0.860	0.902	0.869	0.869	0.927

注:西藏数据不可获取,此表不包含西藏数据。

对于规模以上企业的 R&D 经费配置而言,天津、黑龙江、山东、湖北、湖南、海南、重庆、四川、云南等地的 R&D 经费配置过量,或者说,相对于这些地区的规模以上企业的创新产出而言,R&D 经费投入过量;而山西、江西、广东、广西等地的 R&D 经费配置明显不足,与规模以上企业的 R&D 人员错配状况相似,虽然区域差异显著,但没有体现出明显的东、中、西部差异。

5.2.2　分行业创新资源错配系数测度

规模以上工业企业分行业 R&D 人员配置相对扭曲系数(MISL)的测度结果见表 5.10。

表 5.10　2011—2019 年规模以上工业企业分行业 R&D 人员错配系数(MISL)表

所属行业	年份								
	2011	2012	2013	2014	2015	2016	2017	2018	2019
煤炭开采和洗选业	7.109	5.753	5.649	6.601	4.796	5.844	5.216	3.834	4.367
石油和天然气开采业	5.626	4.965	4.408	5.535	4.131	4.380	4.084	2.150	2.632
黑色金属矿采选业	1.762	1.228	1.417	1.383	1.468	1.673	2.099	1.656	2.006
有色金属矿采选业	1.604	1.926	1.714	1.890	1.112	1.393	1.257	1.168	0.924
非金属矿采选业	11.997	5.659	4.626	5.584	4.251	4.374	5.365	4.769	5.565
农副食品加工业	1.221	1.174	1.228	1.270	1.230	1.345	1.464	1.468	1.641
食品制造业	1.953	2.083	2.185	2.126	2.199	2.217	2.219	2.656	2.644
酒、饮料和精制茶制造业	0.917	0.663	0.609	0.637	0.697	0.756	0.755	0.792	0.775
烟草制品业	1.004	0.933	0.595	0.632	0.495	0.609	0.540	0.538	0.483
纺织业	0.488	0.528	0.634	0.644	0.532	0.731	0.919	0.799	1.153
纺织服装、服饰业	0.710	0.700	0.888	0.630	0.442	0.808	1.361	1.478	1.550
皮革、毛皮、羽毛及其制品和制鞋业	0.884	0.862	0.955	1.038	0.961	1.068	1.392	1.759	2.324
木材加工和木、竹、藤、棕、草制品业	1.475	1.828	2.150	2.954	3.048	3.422	3.899	3.430	4.019
家具制造业	0.318	0.446	0.460	0.564	0.325	0.384	0.607	0.782	0.904
造纸和纸制品业	1.134	0.942	1.170	1.024	1.183	1.048	1.175	1.289	1.169
印刷业和记录媒介复制业	1.310	1.059	0.912	0.957	0.992	1.157	1.095	1.149	1.261

续表 5.10

所属行业	年份								
	2011	2012	2013	2014	2015	2016	2017	2018	2019
文教、工美、体育和娱乐用品制造业	0.314	0.389	0.383	0.359	0.406	0.484	0.589	0.773	0.861
石油加工、炼焦和核燃料加工业	2.528	2.286	1.914	1.841	1.951	1.998	1.388	1.523	1.564
化学原料和化学制品制造业	4.726	4.640	4.625	4.659	5.062	4.416	4.153	4.198	4.218
医药制造业	1.567	1.438	1.500	1.524	1.799	1.778	1.676	1.739	1.661
化学纤维制造业	2.229	2.578	2.009	2.354	3.293	2.878	3.888	3.458	3.836
橡胶和塑料制品业	1.015	1.232	1.067	1.174	1.188	1.188	1.133	1.213	1.228
非金属矿物制品业	0.708	0.667	0.653	0.697	0.713	0.711	0.681	0.675	0.713
黑色金属冶炼和压延加工业	5.725	5.287	5.073	5.136	4.794	5.247	5.419	5.183	4.888
有色金属冶炼和压延加工业	5.177	5.617	5.386	5.381	5.534	5.730	5.325	5.452	5.646
金属制品业	3.340	4.492	5.117	5.437	5.114	5.205	5.191	5.148	5.217
通用设备制造业	1.140	1.084	1.062	1.155	1.140	1.097	1.116	1.083	1.050
专用设备制造业	0.483	0.416	0.398	0.397	0.413	0.413	0.402	0.405	0.405
交通运输设备制造业	1.044	1.096	1.083	1.073	1.054	1.023	1.068	1.140	1.090
电气机械和器材制造业	1.878	1.728	1.934	1.846	1.849	1.694	1.617	1.702	1.870
计算机、通信和其他电子设备制造业	0.552	0.624	0.613	0.587	0.635	0.588	0.578	0.618	0.563
仪器仪表制造业	3.305	3.151	2.993	2.909	3.412	3.368	3.252	3.407	3.228
其他制造业	0.430	0.793	0.659	0.556	0.782	0.722	0.717	0.614	0.652
电力、热力生产和供应业	0.825	0.527	0.445	0.325	0.312	0.376	0.362	0.268	0.386

续表 5.10

所属行业	年份								
	2011	2012	2013	2014	2015	2016	2017	2018	2019
燃气生产和供应业	2.270	1.890	3.494	2.638	3.123	4.577	3.083	2.734	3.458
水的生产和供应业	1.533	2.033	1.634	1.593	2.157	1.703	1.890	1.244	1.415

依据表5.10的数据计算总平均数，其中煤炭开采与洗选业，石油和天然气开采业，非金属矿采选业，食品制造业，木材加工和木、竹、藤、棕、草制品业，造纸和纸制品业，化学原料和化学制品制造业，化学纤维制造业，黑色金属冶炼和压延加工业，有色金属冶炼和压延加工业，金属制品业，仪器仪表制造业，燃气生产和供应业等行业R&D人员错配系数较大，则说明R&D人员在该行业中投入相对过多；而饮料制造业，烟草制品业，家具制造业，文教、工美、体育和娱乐用品制造业，非金属矿物制品业，计算机、通信和其他电子设备制造业，燃气生产和供应业等行业R&D人员错配系数取值明显小于1，说明R&D人员投入相对不足。

规模以上工业企业创新资本要素相对扭曲系数（MISK）的测度结果见表5.11。

表5.11　2011—2019年规模以上工业企业分行业R&D经费错配系数（MISK）表

所属行业	年份								
	2011	2012	2013	2014	2015	2016	2017	2018	2019
煤炭开采和洗选业	2.641	2.486	2.039	2.224	1.699	1.995	1.767	1.589	1.273
石油和天然气开采业	0.786	0.969	0.732	0.820	0.515	0.503	0.441	0.558	0.611
黑色金属矿采选业	2.694	2.348	2.758	2.849	2.383	3.027	3.600	4.314	4.438
有色金属矿采选业	4.896	7.887	6.199	5.998	3.669	4.492	4.498	3.581	1.701
非金属矿采选业	1.120	0.674	0.441	0.571	0.545	0.514	0.629	0.645	0.701

续表 5.11

所属行业	年份								
	2011	2012	2013	2014	2015	2016	2017	2018	2019
农副食品加工业	2.026	2.346	2.405	2.381	2.286	2.466	2.592	2.488	2.597
食品制造业	1.098	1.338	1.316	1.327	1.381	1.404	1.310	1.388	1.258
酒、饮料和精制茶制造业	2.646	1.922	1.895	2.039	2.075	2.305	2.016	2.065	2.188
烟草制品业	0.180	0.173	0.115	0.128	0.086	0.086	0.077	0.084	0.094
纺织业	1.377	1.574	1.899	1.930	1.576	2.134	2.563	2.114	2.472
纺织服装、服饰业	1.011	1.065	1.449	1.247	0.856	1.710	2.630	2.395	2.286
皮革、毛皮、羽毛及其制品和制鞋业	1.025	1.206	1.362	1.421	1.358	1.552	1.909	1.932	2.423
木材加工和木、竹、藤、棕、草制品业	0.381	0.414	0.561	0.718	0.734	0.887	0.974	0.786	0.860
家具制造业	0.601	0.876	1.090	1.273	0.792	0.920	1.308	1.583	1.606
造纸和纸制品业	3.322	3.141	3.808	3.169	3.614	3.394	4.021	3.834	3.113
印刷业和记录媒介复制业	0.989	0.890	0.754	0.785	0.747	0.874	0.765	0.820	0.851
文教、工美、体育和娱乐用品制造业	0.546	0.718	0.864	0.882	0.908	1.159	1.287	1.522	1.558
石油加工、炼焦和核燃料加工业	2.766	2.830	2.778	2.567	2.469	3.212	2.758	2.758	3.117
化学原料和化学制品制造业	0.933	0.937	0.949	0.961	1.014	0.920	0.917	0.908	0.914
医药制造业	4.730	5.040	5.389	5.383	6.880	7.098	7.232	7.811	7.683
化学纤维制造业	4.681	5.636	3.986	4.639	5.884	5.621	8.072	7.475	7.920
橡胶和塑料制品业	1.022	1.162	1.095	1.210	1.187	1.172	1.067	1.022	0.981
非金属矿物制品业	1.969	1.925	1.921	2.047	2.207	2.300	2.086	2.065	2.233

续表 5.11

所属行业	年份								
	2011	2012	2013	2014	2015	2016	2017	2018	2019
黑色金属冶炼和压延加工业	4.660	4.228	3.707	3.402	3.045	3.208	3.560	4.414	4.579
有色金属冶炼和压延加工业	1.650	2.046	2.013	2.042	2.078	2.139	2.119	2.058	2.062
金属制品业	0.564	0.772	0.862	0.886	0.829	0.873	0.817	0.756	0.770
通用设备制造业	0.547	0.536	0.527	0.556	0.533	0.510	0.522	0.485	0.456
专用设备制造业	1.066	0.986	0.961	0.991	1.015	0.966	0.939	0.974	0.910
交通运输设备制造业	1.606	1.637	1.554	1.599	1.548	1.604	1.632	1.756	1.638
电气机械和器材制造业	0.396	0.369	0.407	0.390	0.400	0.370	0.359	0.371	0.388
计算机、通信和其他电子设备制造业	2.036	2.151	2.336	2.244	2.495	2.464	2.318	2.317	2.203
仪器仪表制造业	0.486	0.486	0.462	0.458	0.570	0.539	0.548	0.590	0.501
其他制造业	0.376	0.625	0.511	0.530	0.663	0.705	0.719	0.635	0.619
电力、热力生产和供应业	0.209	0.121	0.116	0.108	0.129	0.138	0.153	0.131	0.162
燃气生产和供应业	1.196	1.248	2.781	1.403	2.010	2.411	1.698	1.536	1.516
水的生产和供应业	1.020	1.388	1.565	1.681	2.648	1.839	2.332	1.508	1.655

依据表 5.11 的数据计算总平均数，其中煤炭开采和洗选业，黑色金属矿采选业，有色金属矿采选业，农副食品加工业，造纸和纸制品业，纺织业，石油加工、炼焦和核燃料加工业，医药制造业，化学纤维制造业，非金属矿物制品业，黑色金属冶炼和压延加工业，有色金属冶炼和压延加工业，计算机、通信和其他电子设备制造业等行业 R&D 经费错配系数较大，说明 R&D 经费在该行业中投入相对过多；而石油和天然气开采业，非金属矿采选业，烟草制品业，通用设备制

造业，电气机械和器材制造业，仪器仪表制造业，其他制造业，电力、热力生产和供应业等行业的 R&D 经费错配系数取值明显小于 1，说明 R&D 经费投入不足。该测算结果与前文 Lilien 指数的测算结果多数行业是重合的，说明二者测算结果有效。

5.3 创新资源综合配置效率测度及空间分布特征

创新资源综合配置效率测度主要借助 Malmquist 指数的测算原理。Malmquist 指数最初由 Malmquist 于 1953 年提出，Caves 等人于 1982 年开始将这一指数应用于生产效率变化的测算，将其命名为 Malmquist 生产率指数。这一指数与 DEA 理论结合，逐渐演化出 Malmquist 指数模型。本书将技术创新过程视为生产过程，视创新资源配置效率为创新过程的投入产出效率，利用 Malmquist 指数测度各地区创新资源综合配置效率，并对其进行分解分析。

5.3.1 测算原理

对每一个特定时期 $t=1,2,\cdots,T$，在不变规模报酬下，用x^t、y^t、x^{t+1}、y^{t+1}表示第 t 期和第 $t+1$ 期的技术创新生产的投入量、产出量，用$D_i^t(x^t,y^t)$和$D_i^{t+1}(x^{t+1},y^{t+1})$分别表示第 t 期和第 $t+1$ 期 Shephard 定义的距离函数，$D_i^t(x^t,y^t)$表示 t 期的技术条件下 t 期的技术效率水平，$D_i^t(x^{t+1},y^{t+1})$ 表示 t 期的技术条件下 $t+1$ 期的技术效率水平，$D_i^{t+1}(x^t,y^t)$表示 $t+1$ 期的技术条件下 t 期的技术效率水平，$D_i^{t+1}(x^{t+1},y^{t+1})$表示 $t+1$ 期的技术条件下 $t+1$ 期的技术效率水平。用数据包络分析方法（DEA）测算，在 t 期的技术条件下，从 t 期到$t+1$期的 TFP 变化为

$$M_i^t=D_i^t(x^{t+1},y^{t+1})/D_i^t(x^t,y^t) \tag{5.4}$$

在 $t+1$ 期的技术条件下，从 t 期到 $t+1$ 期的 TFP 变化为

$$M_i^{t+1}=D_i^{t+1}(x^{t+1},y^{t+1})/D_i^{t+1}(x^t,y^t) \tag{5.5}$$

为避免时期选择的随意性带来的生产技术水平参照差异，参照Färe(1994)的思想，将两种生产技术水平参照指数的几何平均数作为从 t 期到 $t+1$ 期的TFP变化，见式(5.6)。若TFPCH >1表示全要素生产率增长，反之则为下降趋势。

$$\begin{aligned} \text{TFPCH} &= M_i(x^{t+1},y^{t+1};x^t,y^t) \\ &= [M_i^t \times M_i^{t+1}]^{1/2} \\ &= [\frac{D_i^t(x^{t+1},y^{t+1})}{D_i^t(x^t,y^t)} \times \frac{D_i^{t+1}(x^{t+1},y^{t+1})}{D_i^{t+1}(x^t,y^t)}]^{1/2} \end{aligned} \tag{5.6}$$

假设规模报酬不变，可进一步将Malmquist指数分解，见式(5.8)，其中EFFCH表示技术效率变化指数，TECHCH表示技术进步率变化指数，PECH表示纯技术效率变化指数，SECH表示规模效率变化指数。其中，技术效率变化指数(EFFCH)测算从 t 期到 $t+1$ 期决策单元对生产前沿面的追赶程度，表示相对技术效率的变化，是指进行生产活动的资本、人员等资源配置是否得到优化以及投入规模是否最优；技术进步变化指数(TECHCH)反映的是从 t 期到 $t+1$ 期生产前沿面的移动，衡量技术水平的变化。EFFCH >1，表示资源配置优化程度提高；TECHCH >1，表示技术进步率提升。

$$\begin{aligned} M_i(x^{t+1},y^{t+1};x^t,y^t) &= [\frac{D_i^t(x^{t+1},y^{t+1})}{D_i^t(x^t,y^t)} \times \frac{D_i^{t+1}(x^{t+1},y^{t+1})}{D_i^{t+1}(x^t,y^t)}]^{\frac{1}{2}} \\ &= \frac{D_i^{t+1}(x^{t+1},y^{t+1})}{D_i^t(x^t,y^t)} \times \\ &\quad [\frac{D_i^t(x^{t+1},y^{t+1})}{D_i^{t+1}(x^{t+1},y^{t+1})} \times \frac{D_i^t(x^t,y^t)}{D_i^{t+1}(x^t,y^t)}]^{\frac{1}{2}} \\ &= \text{EFFCH} \times \text{TECHCH} \qquad (5.7) \\ &= \frac{D_i^t(x^{t+1},y^{t+1})v}{D_i^t(x^t,y^t)v} \times \\ &\quad \left[\frac{\dfrac{D_i^t(x^{t+1},y^{t+1})c}{D_i^t(x^{t+1},y^{t+1})v}}{\dfrac{D_i^t(x^t,y^t)c}{D_i^t(x^t,y^t)v}} \times \frac{\dfrac{D_i^{t+1}(x^{t+1},y^{t+1})c}{D_i^{t+1}(x^{t+1},y^{t+1})v}}{\dfrac{D_i^{t+1}(x^t,y^t)c}{D_i^{t+1}(x^t,y^t)v}}\right]^{\frac{1}{2}} \times \end{aligned}$$

$$\left[\frac{D_i^t(x^{t+1},y^{t+1})v}{D_i^{t+1}(x^{t+1},y^{t+1})v}\times\frac{D_i^t(x^t,y^t)v}{D_i^{t+1}(x^t,y^t)v}\right]^{\frac{1}{2}}$$

$$=\text{PECH}\times\text{SECH}\times\text{TECHCH} \tag{5.8}$$

把上述理论扩展到技术创新生产角度，在此借用 Malmquist 指数原理将技术创新视为创新过程，将 R&D 人员和 R&D 经费投入看作技术创新过程的投入，则 TFP_{RD} 为创新要素综合配置效率。同时，对各分解指标添加 RD 下标作为创新资源投入相关测度指标并赋予新的意义：技术效率变化指数（$EFFCH_{RD}$）原指资源配置是否得到优化、投入规模是否最优（Färe，1994；Grifell，1995；Bjurek，1996），本书将它视为进行技术创新活动的创新资本，创新劳动要素配置是否得到优化，投入规模是否最优，不同区域创新资源配置对技术创新效率的差异可以通过该指标来反映；另一个指标是技术进步变化指数（$TECHCH_{RD}$），原指生产前沿面的外推，也就是对技术水平变化的衡量，本书将之考虑为技术创新环境或条件的变化，这种环境或条件的变化包括区域对技术创新的扶持力度以及相关的融资市场的体制、管理水平和治理机制变化。不同的区域相关政策及力度不同，也就意味着其创新环境或条件不同。环境越好，创新活动越活跃，潜在创新能力越强，越能达到或超越创新的前沿面。

5.3.2 综合配置效率测算

在前文的创新资源投入指标的基础上，测算 2001—2019 年我国各地区创新资源综合配置效率 Malmquist 指数及分解，结果见表 5.12（详细结果见本书附录部分附表 5）。

表 5.12　2001—2019 年各地区创新资源综合配置效率及其分解结果

省份	$EFFCH_{RD}$ 技术效率变化	$TECHCH_{RD}$ 技术进步率变化	$PECH_{RD}$ 纯技术效率变化	$SECH_{RD}$ 规模效率变化	TFP_{RD} 技术创新效率变化
北京	1.066	1.005	1.000	1.066	1.072
天津	1.070	1.017	1.023	1.047	1.088
河北	1.051	1.011	1.040	1.010	1.062
山西	1.048	0.985	1.027	1.020	1.032
内蒙古	1.010	0.940	0.988	1.022	0.949
辽宁	1.035	1.030	1.008	1.027	1.066
吉林	1.078	1.012	1.049	1.028	1.091
黑龙江	1.059	0.978	1.030	1.029	1.036
上海	1.031	1.035	0.992	1.040	1.067
江苏	1.060	1.012	1.023	1.036	1.073
浙江	0.985	1.009	0.999	0.986	0.993
安徽	1.086	0.988	1.066	1.018	1.073
福建	1.031	0.994	1.016	1.014	1.024
江西	1.050	0.971	1.033	1.017	1.019
山东	1.029	1.028	1.021	1.008	1.058
河南	1.050	0.968	1.017	1.032	1.016
湖北	1.075	0.997	1.04	1.034	1.072
湖南	1.027	0.972	0.986	1.041	0.998
广东	1.012	1.039	1.000	1.012	1.051
广西	1.046	0.979	1.016	1.029	1.024
海南	0.994	0.961	1.000	0.994	0.955
重庆	1.036	0.934	0.975	1.062	0.967
四川	1.078	1.024	1.062	1.015	1.104

续表 5.12

省份	$EFFCH_{RD}$ 技术效率变化	$TECHCH_{RD}$ 技术进步率变化	$PECH_{RD}$ 纯技术效率变化	$SECH_{RD}$ 规模效率变化	TFP_{RD} 技术创新效率变化
贵州	1.055	0.982	1.033	1.021	1.037
云南	1.016	0.949	0.971	1.047	0.965
陕西	1.134	1.035	1.128	1.005	1.174
甘肃	1.105	0.963	1.088	1.015	1.063
青海	1.079	0.985	1.034	1.044	1.063
宁夏	1.037	0.967	1.023	1.014	1.003
新疆	1.022	0.952	1.011	1.011	0.973
均值	1.048	0.990	1.023	1.025	1.038

注:西藏数据不可获取,此表不包含西藏数据。

分解结果显示,23 个地区创新资源配置效率指数(TFP_{RD})大于1,表明整体创新资源配置效率是提高的。2001—2019 年创新资源综合配置效率分解的指标中,反映创新资源配置状况的 $EFFCH_{RD}$ 指数除浙江和海南两省外其余地区都大于1,说明我国整体区域的创新资源配置效率逐步驱向优化,陕西、甘肃两省的指标值优势明显,说明在创新资源综合配置效率较高;而反映区域创新环境的 $TECHCH_{RD}$ 指数的数值显示,东部沿海地区的 $TECHCH_{RD}$ 指数值多大于1,而山西、内蒙古、黑龙江、安徽、福建、江西、河南、湖北、湖南、广西、海南、重庆、贵州、云南、甘肃、宁夏、新疆等省份均小于1,说明从创新活动整体环境而言,中部、西部地区与东部地区存在差距。$TFPCH_{RD}$ 指数值显示陕西省创新资源配置效率指数最大,四川省创新效率变化指数次之,这两个省的技术创新效率提高更多的是源于技术效率指标($EFFCH_{RD}$)的提高,也就是源于创新资本和劳动两大要素配置不断优化,而技术进步率变化指标($TECHCH_{RD}$)主要是指创新环境方面的优化,不仅得益于技术效率增长,也有技术进步率增长的贡献,说明这两个地区 2001 年以来资源配置状况改善的同时,创新环境也同步优化,各指标均表现较好。

5.4　本章小结

本章利用 Lilien 指数、Hsieh & Klenow(2009)的资源错配理论框架以及创新资源综合配置效率指数,分别从单一资源和多资源配置效率的角度,对我国各区域、各行业创新资源的配置状况进行了测度。其中创新资源配置的 Lilien 指数侧重于在不考虑产出的前提下,基于区域和产业的单一资源结构性配置动态测度;创新资源错配系数是考虑投入和产出并依据生产函数中各创新资源的弹性系数进行单一资源的错配测算;创新资源综合配置效率是综合考虑创新资源投入产出并借鉴 Malmquist 指数法进行测算。无论是哪一种测度方法,均显示我国创新资源配置存在区域性、行业间的错配,这种错配直接与我国经济增长的区域、行业非均衡现象密切相关,也直接对区域、行业的发展产生了进一步影响。这种配置现状与我国经济转型中的产业结构优化升级之间存在什么样的关联性? 第 6 章将进一步讨论。

第6章 创新资源配置与产业结构的空间错配测度

本章进一步测算了各地区的产业结构高级化指数，将其作为区域产业结构发展水平的测度，借助上一章对创新资源配置的多角度测度结果，通过数据转换将创新资源错配指标正向化，利用耦合协调逆运算的思想反向测度产业结构与创新资源配置的空间错配度，进而分析产业结构与创新资源配置之间存在的空间错配现象。

6.1 产业结构水平测度

测度产业结构水平的研究成果中，比较有代表性的测度方法有干春晖（2011）构造的反映产业之间协调程度和资源利用程度的产业结构合理化指数，刘伟等（2008）通过产业产出与劳动效率合成的产业结构高级化指数，以及付凌晖（2010）构建的产业增加值比重与产业间夹角，计算产业结构高级化水平。

产业结构合理化是对三次产业间协调发展的测度，而高级化水平表示在创新的基础上各产业由低层次向高层次转变的程度，随着技术创新效率的提高，产业结构不断向高级结构推进，最终表现为生产率的提高。因此本书借鉴刘伟等（2008）的方法，测算产业结构高级化指数，并将其作为各地区产业结构水平的测度。

6.1.1　指标选择

将各产业增加值比例作为权重，对各产业劳动生产率加权求和，计算产业结构高级化指数（IS，Industrial Structure）为

$$IS_t = \sum_{i=1}^{3} (\alpha_{it} \times LP_{it}) \tag{6.1}$$

式中，α_{it}为 t 时期的第 i 产业增加值占当期 GDP 的比例；LP_{it}为 t 时期的第 i 产业的劳动生产率。为了使产业结构高级化水平具有可比性，同时为了做出更准确的判断，本书对劳动生产率LP_{it}进行标准化为

$$LP_{it}^{N} = \frac{LP_{it} - LP_{ib}}{LP_{ia} - LP_{ib}} \tag{6.2}$$

其中，LP_{it}^{N}是标准化后的劳动生产率；LP_{ib}是目标地区第 i 产业在样本期最小的劳动生产率；LP_{ia}是目标地区第 i 产业在目标期最大的劳动生产率。则产业结构高级化指数计算公式为

$$IS_t = \sum_{i=1}^{3} (\alpha_{it} \times LP_{it}^{N}) \tag{6.3}$$

其中，IS_t即为目标地区 t 时期修正后的产业结构高级化指数，该值越高，目标地区产业结构高级化指数越大，产业结构升级水平越高，详细结果见表 6.1。

表 6.1　区域产业结构高级化指数（2001—2019 年）

省份	年份									
	2001	2002	2003	2004	2005	2006	2007	2008	2009	2010
北京	1.196	1.347	1.436	1.279	1.504	1.731	2.151	2.363	2.535	2.846
天津	0.550	0.618	0.722	0.817	1.028	1.146	1.229	1.515	1.688	1.947
河北	0.179	0.212	0.261	0.310	0.379	0.447	0.526	0.620	0.687	0.806
山西	0.179	0.220	0.265	0.355	0.458	0.650	0.656	1.179	1.119	1.305
内蒙古	0.183	0.227	0.413	0.562	0.751	1.016	1.299	1.700	1.892	2.165

续表 6.1

省份	年份									
	2001	2002	2003	2004	2005	2006	2007	2008	2009	2010
辽宁	0.277	0.337	0.394	0.430	0.538	0.645	0.760	0.936	1.011	1.219
吉林	0.226	0.259	0.309	0.351	0.428	0.538	0.689	0.853	0.982	1.186
黑龙江	0.304	0.339	0.410	0.437	0.484	0.548	0.608	0.729	0.769	0.923
上海	1.302	1.321	1.393	1.567	1.710	1.881	2.072	2.312	2.625	2.801
江苏	0.261	0.300	0.354	0.420	0.549	0.653	0.797	0.981	1.117	1.412
浙江	0.303	0.370	0.475	0.569	0.657	0.754	0.836	0.964	1.060	1.286
安徽	0.053	0.066	0.088	0.125	0.142	0.169	0.205	0.251	0.294	0.384
福建	0.349	0.385	0.415	0.459	0.515	0.590	0.725	0.810	0.889	1.019
江西	0.047	0.057	0.075	0.118	0.152	0.200	0.259	0.337	0.378	0.480
山东	0.220	0.250	0.280	0.344	0.416	0.513	0.605	0.741	0.818	0.975
河南	0.095	0.112	0.156	0.194	0.247	0.303	0.372	0.438	0.460	0.539
湖北	0.071	0.094	0.125	0.169	0.229	0.296	0.400	0.501	0.607	0.761
湖南	0.118	0.130	0.142	0.181	0.228	0.261	0.330	0.430	0.513	0.639
广东	0.499	0.582	0.713	0.768	0.814	0.934	1.118	1.254	1.322	1.470
广西	0.053	0.081	0.106	0.152	0.180	0.238	0.310	0.400	0.467	0.580
海南	0.239	0.253	0.282	0.333	0.372	0.449	0.554	0.658	0.721	0.884
重庆	0.130	0.172	0.223	0.283	0.352	0.438	0.522	0.655	0.732	0.869
四川	0.048	0.064	0.091	0.130	0.173	0.218	0.287	0.361	0.427	0.531
贵州	0.111	0.133	0.143	0.183	0.303	0.387	0.529	0.657	0.740	0.859
云南	0.180	0.207	0.241	0.291	0.312	0.347	0.412	0.471	0.502	0.577
陕西	0.123	0.129	0.159	0.204	0.285	0.377	0.462	0.596	0.655	0.804
甘肃	0.034	0.055	0.086	0.131	0.254	0.322	0.396	0.476	0.506	0.613
青海	0.122	0.142	0.174	0.212	0.262	0.326	0.396	0.539	0.570	0.707

续表 6.1

省份	年份									
	2001	2002	2003	2004	2005	2006	2007	2008	2009	2010
宁夏	0.163	0.199	0.223	0.262	0.312	0.348	0.484	0.703	0.688	1.129
新疆	0.379	0.411	0.444	0.520	0.551	0.708	0.791	0.972	0.928	1.132
省份	年份									
	2011	2012	2013	2014	2015	2016	2017	2018	2019	
北京	3.248	3.438	3.745	4.000	4.288	4.671	5.014	6.215	6.430	
天津	2.305	2.525	2.747	2.889	3.039	3.490	3.732	2.800	2.975	
河北	0.949	1.001	1.045	1.101	1.185	1.323	1.502	1.314	1.409	
山西	1.549	1.737	1.887	1.951	2.142	2.039	2.162	1.707	1.881	
内蒙古	2.474	2.574	2.404	2.383	2.495	2.631	2.501	2.698	2.883	
辽宁	1.459	1.611	1.718	1.808	2.102	1.859	2.059	2.090	2.198	
吉林	1.434	1.572	1.600	1.607	1.609	1.733	1.880	1.475	1.548	
黑龙江	1.101	1.155	1.190	1.251	1.435	1.451	1.629	1.126	1.187	
上海	3.154	3.470	3.029	3.387	3.820	4.434	4.661	5.659	5.857	
江苏	1.734	1.960	2.280	2.561	2.838	3.225	3.557	3.834	4.134	
浙江	1.510	1.677	1.900	2.031	2.210	2.433	2.732	2.945	3.199	
安徽	0.500	0.547	0.610	0.662	0.730	0.850	0.986	1.519	1.670	
福建	1.078	1.160	1.309	1.367	1.441	1.619	1.915	2.314	2.487	
江西	0.620	0.691	0.776	0.865	0.956	1.116	1.227	1.559	1.696	
山东	1.162	1.315	1.498	1.642	1.798	2.008	2.235	2.311	2.670	
河南	0.629	0.695	0.816	0.908	0.988	1.108	1.250	1.519	1.671	
湖北	0.948	1.071	1.232	1.352	1.478	1.643	1.864	2.360	2.584	
湖南	0.798	0.925	1.080	1.227	1.391	1.621	1.916	2.244	2.471	
广东	1.693	1.869	2.093	2.218	2.450	2.768	3.149	3.430	3.010	

续表 6.1

省份	年份								
	2011	2012	2013	2014	2015	2016	2017	2018	2019
广西	0.713	0.899	1.042	1.118	1.186	1.300	1.390	1.640	1.758
海南	1.034	1.129	1.195	1.245	1.297	1.446	1.563	1.705	1.922
重庆	1.056	1.189	1.436	1.571	1.714	1.895	2.098	2.471	2.711
四川	0.658	0.765	0.876	0.981	1.125	1.325	1.576	1.947	2.103
贵州	1.072	1.224	1.365	1.374	1.470	1.532	1.703	2.096	2.214
云南	0.703	0.774	0.896	0.940	1.042	1.127	1.238	1.714	1.825
陕西	0.996	2.052	2.226	2.291	2.217	2.343	2.566	2.769	2.683
甘肃	0.810	0.928	1.079	1.141	1.191	1.277	1.377	1.475	1.568
青海	0.869	0.973	1.120	1.226	1.319	1.418	1.490	1.584	1.677
宁夏	1.380	1.534	1.653	1.667	1.734	1.882	1.967	1.981	2.068
新疆	1.337	1.442	1.483	1.582	1.530	1.491	1.652	1.929	1.957

注:西藏数据不可获取,此表不包含西藏数据。

表6.1数据显示各区域产业结构高级化指数随着时间推移逐年增加,说明产业结构升级水平都有明显提升。从2011年开始,已经有19个地区的产业结构高级化指数值超过1,东部沿海地区产业结构高级化指数明显高于中部、西部地区,而中部地区的河南、湖北、安徽、湖南、江西五省的产业结构高级化指数甚至远低于西部的部分地区,说明我国现阶段产业结构发展程度存在明显地区性差异,而中部地区的整体发展更值得关注。

6.1.2 时空分布特征

表6.1数据显示,2001年各地区产业结构水平相差不大,随着时间推移,北部和东部地区出现明显的变化。2019年东部地区尤其是北京、上海、江苏、浙江、广东等地的产业结构水平显著高于其他地

区,中西部地区内蒙古、陕西、湖北、重庆等地的产业结构高级化指数呈现走高的趋势外,其他地区产业结构水平较低,黑龙江、吉林、青海、甘肃等地产业结构高级化值明显低于全国其他地区,形成了区域经济产业结构差异性格局。2000 年以来,东部地区已经逐步形成了以创新产业为主的高级化产业结构,而中部、西部地区创新驱动能力不足,产业结构仍然以重化工和传统制造业为主导。

6.2　空间错配测度

为了反映创新资源配置状况与产业结构高级化的区域关联状况,此处利用耦合协调度的反向运算对二者之间的空间错配度进行测度。耦合是指两个及两个以上的子系统在进行过程中互相反应的现象。耦合度可以反映系统内各要素间相互影响的程度,耦合度越高,相互推动的效应就越强,系统呈现积极的发展;耦合度越低,相互制约的作用就越明显,系统呈现消极的发展。耦合协调度主要通过具有相互影响的两个系统之间的协调水平,对耦合协调度的反向运算恰好能够说明两个系统之间的非协调水平,此处作为错配水平的测度。

耦合度的表达式为

$$C = \left[(u_1 \times u_2)/(\frac{u_1 + u_2}{2})^2 \right]^{1/2} \tag{6.4}$$

u_1 和 u_2 是两个系统各自的效率值,C 是两个系统的耦合度,$C \in [0,1]$。耦合协调度的公式为

$$D = \sqrt{C \times T} \tag{6.5}$$

$$T = \alpha u_1 + \beta u_2 \tag{6.6}$$

其中,D 是耦合协调度;T 是依据两个系统的样本数据计算的综合协调指数;a 和 β 是用衡量子系统在总系统中重要程度的权重参数,通常取 $a = \beta = 0.5$。进一步对耦合协调度做反向运算测度错配度,公式为

$$UT = 1 - T \tag{6.7}$$

在计算错配度之前,要对数据进行极差标准化处理以实现可比性,公式为

正向指标:

$$x'_{ij} = [x_{ij} - \min(x_j)]/[\max(x_j) - \min(x_j)] \tag{6.8}$$

逆向指标:

$$x'_{ij} = [\max(x_j) - x_{ij}]/[\max(x_j) - \min(x_j)] \tag{6.9}$$

分别用前文测度的 R&D 人员和 R&D 经费内部支出 Lilien 配置效率指数、错配系数及创新资源综合配置效率来测算创新资源配置与产业结构高级化的空间错配度。因为 R&D 人员和 R&D 经费内部支出配置 Lilien 指数两个指标均为逆向指标,所以用式(6.9)进行标准化;错配系数以 1 为最优化标准,因此将 R&D 人员和 R&D 经费内部支出错配系数均减去 1 再取绝对值,作为错配程度的衡量,依据逆向指标处理式(6.9)进行标准化;创新资源综合配置效率和产业结构高级化指数为正向指标,用式(6.8)进行标准化。

6.2.1 R&D 人员配置与产业结构空间错配度

主要年份 R&D 人员全时当量 Lilien 配置指数与产业结构高级化的空间错配度区域分布详细测算结果见表 6.2。

表 6.2 R&D 人员配置(Lilien 指数)与产业结构高级化错配度(2001—2019 年)

省份	年份									
	2001	2002	2003	2004	2005	2006	2007	2008	2009	2010
北京	0.383	0.391	0.371	0.568	0.322	0.345	0.256	0.296	0.308	0.246
天津	0.437	0.417	0.395	0.362	0.327	0.297	0.295	0.256	0.253	0.203
河北	0.565	0.552	0.509	0.479	0.447	0.435	0.425	0.396	0.370	0.330
山西	0.598	0.554	0.518	0.476	0.478	0.461	0.414	0.293	0.313	0.300
内蒙古	0.540	0.505	0.441	0.423	0.333	0.283	0.255	0.184	0.153	0.118
辽宁	0.512	0.510	0.518	0.440	0.422	0.387	0.349	0.346	0.319	0.265

续表 6.2

省份	年份									
	2001	2002	2003	2004	2005	2006	2007	2008	2009	2010
吉林	0.575	0.493	0.474	0.453	0.415	0.382	0.340	0.337	0.294	0.244
黑龙江	0.518	0.464	0.439	0.432	0.402	0.390	0.376	0.342	0.352	0.294
上海	0.387	0.311	0.294	0.254	0.257	0.257	0.226	0.228	0.282	0.207
江苏	0.545	0.525	0.482	0.439	0.427	0.385	0.346	0.361	0.450	0.282
浙江	0.737	0.489	0.490	0.575	0.431	0.458	0.402	0.381	0.329	0.336
安徽	0.683	0.674	0.641	0.608	0.574	0.560	0.528	0.534	0.473	0.430
福建	0.482	0.506	0.475	0.462	0.426	0.403	0.374	0.374	0.360	0.331
江西	0.687	0.649	0.624	0.579	0.545	0.518	0.490	0.455	0.429	0.403
山东	0.555	0.952	0.498	0.511	0.455	0.415	0.394	0.456	0.396	0.321
河南	0.625	0.618	0.592	0.535	0.500	0.485	0.458	0.415	0.438	0.379
湖北	0.661	0.661	0.623	0.569	0.521	0.508	0.461	0.416	0.398	0.343
湖南	0.635	0.625	0.625	0.581	0.537	0.515	0.467	0.426	0.427	0.369
广东	0.481	0.432	0.413	0.422	0.423	0.429	0.449	0.335	0.304	0.335
广西	0.687	0.634	0.589	0.543	0.518	0.486	0.465	0.416	0.427	0.374
海南	0.481	0.460	0.444	0.427	0.418	0.384	0.360	0.338	0.376	0.289
重庆	0.602	0.566	0.534	0.505	0.459	0.433	0.397	0.359	0.369	0.314
四川	0.751	0.697	0.651	0.578	0.559	0.527	0.474	0.449	0.480	0.434
贵州	0.635	0.591	0.572	0.547	0.504	0.468	0.439	0.411	0.386	0.358
云南	0.554	0.546	0.531	0.492	0.500	0.458	0.437	0.410	0.418	0.386
陕西	0.643	0.600	0.615	0.567	0.504	0.442	0.426	0.411	0.400	0.342
甘肃	0.903	0.765	0.685	0.637	0.522	0.497	0.451	0.430	0.434	0.389
青海	0.606	0.580	0.562	0.530	0.501	0.467	0.431	0.397	0.408	0.336
宁夏	0.596	0.573	0.562	0.533	0.497	0.472	0.425	0.383	0.382	0.286
新疆	0.448	0.443	0.408	0.381	0.364	0.316	0.298	0.271	0.300	0.217

续表 6.2

省份	年份								
	2011	2012	2013	2014	2015	2016	2017	2018	2019
北京	0.154	0.163	0.160	0.131	0.100	0.072	0.073	0.089	0.059
天津	0.207	0.172	0.144	0.149	0.143	0.123	0.164	0.205	0.287
河北	0.309	0.304	0.297	0.300	0.289	0.263	0.256	0.327	0.260
山西	0.246	0.243	0.205	0.209	0.248	0.221	0.206	0.268	0.229
内蒙古	0.078	0.073	0.104	0.112	0.092	0.083	0.177	0.209	0.164
辽宁	0.278	0.203	0.184	0.176	0.244	0.207	0.205	0.193	0.207
吉林	0.232	0.177	0.215	0.181	0.190	0.193	0.204	0.343	0.277
黑龙江	0.266	0.289	0.277	0.251	0.269	0.253	0.280	0.365	0.283
上海	0.146	0.167	0.153	0.148	0.114	0.100	0.088	0.056	0.046
江苏	0.249	0.229	0.226	0.170	0.161	0.124	0.100	0.149	0.085
浙江	0.265	0.261	0.242	0.235	0.238	0.182	0.172	0.181	0.175
安徽	0.411	0.400	0.370	0.351	0.345	0.326	0.307	0.270	0.295
福建	0.327	0.292	0.260	0.261	0.266	0.218	0.201	0.174	0.148
江西	0.363	0.361	0.334	0.321	0.313	0.295	0.311	0.309	0.313
山东	0.312	0.269	0.249	0.244	0.234	0.214	0.202	0.231	0.333
河南	0.363	0.353	0.365	0.322	0.324	0.303	0.307	0.280	0.266
湖北	0.299	0.281	0.251	0.239	0.245	0.213	0.196	0.164	0.166
湖南	0.335	0.310	0.298	0.266	0.265	0.227	0.223	0.197	0.177
广东	0.283	0.275	0.262	0.227	0.199	0.162	0.179	0.393	0.163
广西	0.339	0.315	0.300	0.273	0.271	0.236	0.266	0.232	0.270
海南	0.254	0.251	0.249	0.237	0.230	0.210	0.209	0.198	0.175
重庆	0.275	0.261	0.266	0.250	0.231	0.218	0.212	0.175	0.157
四川	0.397	0.341	0.315	0.309	0.302	0.284	0.295	0.219	0.211
贵州	0.330	0.302	0.299	0.269	0.255	0.241	0.241	0.212	0.205
云南	0.355	0.333	0.318	0.302	0.338	0.280	0.280	0.225	0.236

续表 6.2

省份	年份								
	2011	2012	2013	2014	2015	2016	2017	2018	2019
陕西	0.333	0.133	0.140	0.120	0.158	0.127	0.102	0.136	0.153
甘肃	0.361	0.317	0.310	0.296	0.312	0.299	0.310	0.303	0.299
青海	0.295	0.273	0.263	0.239	0.253	0.229	0.255	0.259	0.326
宁夏	0.226	0.210	0.205	0.213	0.197	0.180	0.177	0.179	0.174
新疆	0.200	0.201	0.207	0.190	0.208	0.205	0.206	0.184	0.317

注:西藏数据不可获取,此表不包含西藏数据。

从表 6.2 的数据可以看出,2001—2019 年 R&D 人员配置 Lilien 指数与产业结构高级化的空间错配度整体呈下降趋势。东部地区的 R&D 人员配置与产业结构高级化错配程度要低于中部、西部地区。以 2019 年为例,北京、上海、江苏三个省份错配度小于 0.1,说明这些地区的创新人力资源配置与产业结构高级化匹配程度最高;内蒙古、浙江、福建、湖北、湖南、广东、重庆、海南、陕西、宁夏等地的错配度小于 0.2,错配度较低即协调度较高,其中以东部地区居多;江西、山东、青海、新疆错配度介于 0.3 ~0.4,高于其他省份,主要是中西部地区,山东省在 2019 年 R&D 人员全时当量总量相对于 2017 年、2018 年有所下降,导致错配度上升,也即意味着协调度下降。全国整体呈现西部、中部和东北地区错配度相对较高的分布状况。

主要年份 R&D 人员全时当量错配系数与产业结构高级化的空间错配度区域分布详细测算结果见表 6.3。

表 6.3　R&D 人员配置(错配系数)与产业结构高级化错配度(2001—2019 年)

省份	年份									
	2001	2002	2003	2004	2005	2006	2007	2008	2009	2010
北京	0.345	0.331	0.314	0.332	0.310	0.286	0.251	0.226	0.209	0.186
天津	0.453	0.422	0.396	0.362	0.321	0.304	0.296	0.257	0.247	0.222

续表 6.3

省份	年份									
	2001	2002	2003	2004	2005	2006	2007	2008	2009	2010
河北	0.566	0.553	0.532	0.500	0.488	0.474	0.454	0.426	0.424	0.425
山西	0.602	0.569	0.543	0.495	0.497	0.491	0.449	0.348	0.355	0.326
内蒙古	0.541	0.519	0.451	0.417	0.391	0.339	0.309	0.281	0.287	0.300
辽宁	0.519	0.494	0.464	0.450	0.423	0.400	0.374	0.335	0.317	0.276
吉林	0.522	0.502	0.474	0.460	0.443	0.423	0.392	0.360	0.367	0.374
黑龙江	0.509	0.496	0.473	0.474	0.459	0.453	0.453	0.435	0.444	0.459
上海	0.305	0.303	0.282	0.256	0.238	0.219	0.216	0.197	0.188	0.171
江苏	0.518	0.501	0.477	0.446	0.409	0.386	0.357	0.325	0.305	0.270
浙江	0.503	0.482	0.449	0.420	0.400	0.377	0.362	0.341	0.332	0.305
安徽	0.675	0.660	0.643	0.595	0.576	0.554	0.521	0.490	0.470	0.432
福建	0.468	0.457	0.446	0.431	0.418	0.407	0.384	0.369	0.351	0.330
江西	0.667	0.646	0.623	0.574	0.544	0.510	0.475	0.440	0.430	0.393
山东	0.536	0.516	0.491	0.455	0.430	0.403	0.378	0.338	0.326	0.305
河南	0.633	0.618	0.589	0.543	0.507	0.485	0.455	0.422	0.430	0.404
湖北	0.669	0.651	0.614	0.566	0.532	0.501	0.461	0.420	0.397	0.361
湖南	0.641	0.628	0.610	0.573	0.551	0.525	0.492	0.455	0.449	0.410
广东	0.451	0.434	0.412	0.397	0.383	0.359	0.328	0.303	0.297	0.274
广西	0.650	0.625	0.599	0.556	0.550	0.521	0.493	0.467	0.489	0.474
海南	0.472	0.458	0.439	0.416	0.399	0.377	0.354	0.327	0.346	0.338
重庆	0.614	0.572	0.533	0.494	0.471	0.451	0.426	0.385	0.353	0.311
四川	0.704	0.676	0.639	0.592	0.557	0.525	0.485	0.453	0.429	0.391
贵州	0.637	0.585	0.575	0.538	0.505	0.477	0.442	0.412	0.400	0.377
云南	0.557	0.537	0.516	0.483	0.478	0.457	0.432	0.406	0.404	0.380
陕西	0.625	0.611	0.586	0.540	0.497	0.454	0.419	0.371	0.366	0.330
甘肃	0.902	0.750	0.683	0.620	0.522	0.490	0.459	0.431	0.425	0.381

续表 6.3

省份	年份									
	2001	2002	2003	2004	2005	2006	2007	2008	2009	2010
青海	0.619	0.602	0.594	0.610	0.538	0.496	0.469	0.412	0.456	0.426
宁夏	0.613	0.589	0.581	0.576	0.559	0.536	0.506	0.432	0.463	0.870
新疆	0.449	0.445	0.414	0.388	0.379	0.334	0.332	0.296	0.336	0.295

省份	年份								
	2011	2012	2013	2014	2015	2016	2017	2018	2019
北京	0.162	0.151	0.127	0.108	0.096	0.077	0.065	0.018	0.008
天津	0.189	0.188	0.163	0.150	0.143	0.119	0.112	0.183	0.165
河北	0.398	0.382	0.379	0.368	0.345	0.335	0.318	0.305	0.282
山西	0.263	0.243	0.229	0.238	0.254	0.263	0.245	0.257	0.224
内蒙古	0.277	0.302	0.285	0.263	0.221	0.233	0.225	0.158	0.115
辽宁	0.243	0.236	0.239	0.248	0.224	0.266	0.264	0.247	0.227
吉林	0.325	0.344	0.314	0.286	0.279	0.266	0.252	0.286	0.270
黑龙江	0.325	0.301	0.294	0.288	0.281	0.297	0.281	0.278	0.269
上海	0.154	0.148	0.183	0.163	0.143	0.120	0.101	0.058	0.043
江苏	0.234	0.213	0.189	0.169	0.149	0.125	0.103	0.086	0.069
浙江	0.274	0.255	0.236	0.228	0.217	0.198	0.185	0.168	0.158
安徽	0.388	0.374	0.362	0.353	0.351	0.334	0.317	0.271	0.251
福建	0.318	0.307	0.282	0.268	0.250	0.223	0.206	0.164	0.142
江西	0.357	0.343	0.329	0.320	0.312	0.296	0.283	0.256	0.238
山东	0.283	0.269	0.250	0.235	0.223	0.210	0.196	0.196	0.164
河南	0.386	0.373	0.365	0.345	0.338	0.324	0.300	0.270	0.253
湖北	0.323	0.302	0.299	0.275	0.255	0.234	0.216	0.185	0.162
湖南	0.377	0.368	0.346	0.320	0.305	0.288	0.268	0.250	0.215
广东	0.245	0.230	0.212	0.199	0.185	0.164	0.142	0.122	0.141
广西	0.424	0.354	0.306	0.278	0.258	0.239	0.244	0.249	0.239

续表 6.3

省份	年份								
	2011	2012	2013	2014	2015	2016	2017	2018	2019
海南	0.299	0.304	0.292	0.281	0.270	0.255	0.238	0.219	0.182
重庆	0.277	0.270	0.263	0.243	0.223	0.222	0.208	0.192	0.174
四川	0.349	0.328	0.312	0.299	0.291	0.274	0.251	0.227	0.216
贵州	0.330	0.306	0.280	0.263	0.259	0.246	0.223	0.200	0.187
云南	0.355	0.333	0.307	0.300	0.286	0.279	0.264	0.225	0.206
陕西	0.289	0.135	0.126	0.121	0.139	0.127	0.108	0.091	0.090
甘肃	0.338	0.316	0.304	0.295	0.306	0.300	0.295	0.283	0.270
青海	0.392	0.380	0.324	0.275	0.252	0.243	0.263	0.237	0.222
宁夏	0.629	0.379	0.289	0.290	0.270	0.236	0.217	0.225	0.221
新疆	0.273	0.241	0.245	0.211	0.230	0.236	0.215	0.204	0.194

注:西藏数据不可获取,此表不包含西藏数据。

表6.3数据显示R&D人员错配系数与产业结构高级化错配度的分布与表6.2的分布大致相同,都显示出东部地区的R&D人员配置与产业结构高级化之间的错配度低,优于中部、西部地区。2019年错配度高的地区分布在西部的部分地区,东部、中部和北部主要地带错配度明显较低。整体说明两种方法测度的R&D人员配置与产业结构空间错配度分布状况基本一致,西部、中部和东北地区错配程度偏高。

6.2.2 R&D经费配置与产业结构空间错配度

R&D经费内部支出配置Lilien指数与产业结构高级化的错配度主要年份区域分布详细测算结果见表6.4。

表 6.4　R&D 经费配置(Lilien 指数)与产业结构高级化错配度(2001—2019 年)

省份	年份									
	2001	2002	2003	2004	2005	2006	2007	2008	2009	2010
北京	0.391	0.357	0.330	0.346	0.325	0.351	0.291	0.386	0.234	0.183
天津	0.484	0.415	0.416	0.370	0.348	0.323	0.292	0.282	0.271	0.225
河北	0.599	0.550	0.522	0.501	0.467	0.441	0.410	0.374	0.361	0.347
山西	0.596	0.564	0.531	0.497	0.451	0.430	0.390	0.285	0.302	0.287
内蒙古	0.529	0.506	0.450	0.393	0.370	0.311	0.274	0.202	0.201	0.114
辽宁	0.539	0.500	0.463	0.439	0.428	0.427	0.344	0.334	0.293	0.248
吉林	0.520	0.548	0.490	0.438	0.438	0.422	0.339	0.352	0.340	0.326
黑龙江	0.507	0.475	0.471	0.459	0.418	0.383	0.373	0.337	0.327	0.311
上海	0.320	0.308	0.296	0.281	0.254	0.225	0.243	0.253	0.220	0.214
江苏	0.567	0.513	0.519	0.524	0.410	0.411	0.351	0.387	0.327	0.261
浙江	0.531	0.507	0.534	0.543	0.476	0.445	0.368	0.346	0.379	0.303
安徽	0.691	0.659	0.651	0.611	0.580	0.564	0.523	0.513	0.493	0.424
福建	0.492	0.498	0.538	0.439	0.432	0.405	0.372	0.345	0.352	0.316
江西	0.691	0.670	0.648	0.570	0.551	0.522	0.482	0.448	0.438	0.405
山东	0.536	0.617	0.498	0.494	0.491	0.412	0.428	0.424	0.360	0.348
河南	0.628	0.651	0.581	0.539	0.508	0.523	0.447	0.416	0.450	0.376
湖北	0.675	0.640	0.605	0.626	0.533	0.493	0.459	0.430	0.432	0.337
湖南	0.641	0.642	0.607	0.569	0.541	0.508	0.494	0.499	0.430	0.363
广东	0.518	0.487	0.431	0.456	0.436	0.387	0.357	0.298	0.320	0.286
广西	0.667	0.625	0.590	0.562	0.516	0.483	0.456	0.446	0.434	0.387
海南	0.474	0.459	0.446	0.431	0.432	0.382	0.354	0.327	0.343	0.287
重庆	0.629	0.568	0.556	0.498	0.477	0.445	0.400	0.358	0.349	0.312
四川	0.717	0.698	0.645	0.682	0.543	0.543	0.488	0.471	0.447	0.389
贵州	0.634	0.586	0.571	0.547	0.500	0.477	0.465	0.409	0.399	0.364
云南	0.555	0.538	0.522	0.499	0.530	0.494	0.431	0.413	0.412	0.383

续表 6.4

省份	年份									
	2001	2002	2003	2004	2005	2006	2007	2008	2009	2010
陕西	0.639	0.608	0.593	0.538	0.525	0.483	0.420	0.389	0.385	0.355
甘肃	0.900	0.751	0.680	0.627	0.532	0.483	0.470	0.423	0.428	0.389
青海	0.613	0.596	0.561	0.525	0.505	0.467	0.434	0.392	0.409	0.338
宁夏	0.607	0.573	0.554	0.519	0.508	0.491	0.435	0.384	0.378	0.277
新疆	0.460	0.448	0.415	0.398	0.379	0.322	0.300	0.291	0.283	0.214

省份	年份								
	2011	2012	2013	2014	2015	2016	2017	2018	2019
北京	0.239	0.184	0.154	0.133	0.094	0.107	0.122	0.085	0.078
天津	0.190	0.157	0.150	0.127	0.116	0.121	0.285	0.180	0.464
河北	0.317	0.301	0.283	0.281	0.286	0.265	0.268	0.268	0.260
山西	0.226	0.212	0.198	0.229	0.278	0.249	0.197	0.242	0.235
内蒙古	0.097	0.069	0.088	0.108	0.090	0.088	0.185	0.150	0.109
辽宁	0.217	0.243	0.189	0.250	0.383	0.250	0.208	0.213	0.194
吉林	0.208	0.186	0.196	0.179	0.185	0.215	0.247	0.321	0.411
黑龙江	0.307	0.256	0.242	0.275	0.268	0.280	0.269	0.305	0.260
上海	0.139	0.154	0.154	0.137	0.112	0.091	0.084	0.029	0.020
江苏	0.229	0.217	0.180	0.167	0.139	0.132	0.100	0.084	0.075
浙江	0.272	0.258	0.238	0.222	0.216	0.189	0.164	0.159	0.156
安徽	0.400	0.400	0.381	0.348	0.342	0.324	0.326	0.269	0.270
福建	0.309	0.288	0.257	0.253	0.242	0.233	0.221	0.179	0.174
江西	0.379	0.341	0.332	0.317	0.310	0.304	0.296	0.267	0.332
山东	0.294	0.276	0.245	0.237	0.223	0.209	0.188	0.388	0.851
河南	0.359	0.344	0.335	0.328	0.314	0.309	0.302	0.270	0.284
湖北	0.290	0.266	0.254	0.257	0.228	0.222	0.210	0.181	0.172
湖南	0.327	0.314	0.286	0.272	0.258	0.236	0.237	0.200	0.229

续表 6.4

省份	年份								
	2011	2012	2013	2014	2015	2016	2017	2018	2019
广东	0.291	0.230	0.225	0.209	0.209	0.181	0.161	0.152	0.154
广西	0.340	0.298	0.287	0.278	0.284	0.235	0.256	0.253	0.240
海南	0.267	0.251	0.249	0.238	0.235	0.221	0.209	0.199	0.183
重庆	0.280	0.274	0.266	0.248	0.259	0.232	0.203	0.157	0.152
四川	0.391	0.323	0.309	0.305	0.301	0.275	0.252	0.233	0.249
贵州	0.322	0.299	0.275	0.273	0.256	0.250	0.247	0.221	0.243
云南	0.359	0.337	0.309	0.302	0.320	0.298	0.275	0.235	0.248
陕西	0.320	0.147	0.142	0.130	0.140	0.143	0.113	0.107	0.113
甘肃	0.347	0.324	0.307	0.299	0.303	0.303	0.306	0.275	0.268
青海	0.291	0.278	0.258	0.239	0.265	0.237	0.244	0.241	0.269
宁夏	0.232	0.208	0.198	0.207	0.195	0.181	0.188	0.181	0.234
新疆	0.194	0.187	0.197	0.184	0.203	0.202	0.201	0.171	0.328

注:西藏数据不可获取,此表不包含西藏数据。

表6.4可以看出,2001—2019年R&D经费配置Lilien指数与产业结构高级化之间的错配度逐年下降,东部地区的R&D经费配置与产业结构高级化之间的错配度同样低于中部、西部地区。以2019年为例,北京、上海、江苏三个省份错配度小于0.1,说明这些地区的创新资本配置与产业结构高级化匹配程度最高,数据显示三个地区在R&D经费配置和产业结构高级化两个指数都处于高位,所以属于发展的高位协调地区;内蒙古、辽宁、浙江、福建、湖北、广东、重庆、海南、陕西等地的错配度在0.1～0.2,相对而言协调度较高,其中仍以东部地区居多;天津、山东、吉林三地的错配度明显高于0.4,均是由于R&D经费出现下降导致R&D经费错配程度提升,整体协调度下降。全国整体仍然呈现西部、中部和东北地区的错配度较高。

R&D经费内部支出错配系数与产业结构高级化的错配度主要

年份区域分布详细测算结果见表6.5。

表6.5 R&D经费配置(错配系数)与产业结构高级化错配度(2001—2019年)

省份	年份									
	2001	2002	2003	2004	2005	2006	2007	2008	2009	2010
北京	0.402	0.396	0.379	0.390	0.383	0.364	0.332	0.288	0.275	0.260
天津	0.439	0.419	0.391	0.363	0.321	0.298	0.283	0.242	0.234	0.205
河北	0.555	0.537	0.510	0.475	0.457	0.441	0.420	0.394	0.383	0.365
山西	0.589	0.552	0.519	0.472	0.447	0.416	0.387	0.287	0.302	0.273
内蒙古	0.533	0.505	0.436	0.392	0.363	0.315	0.302	0.284	0.329	0.374
辽宁	0.503	0.475	0.452	0.435	0.408	0.383	0.353	0.315	0.298	0.255
吉林	0.515	0.497	0.469	0.438	0.416	0.388	0.347	0.312	0.299	0.262
黑龙江	0.482	0.470	0.438	0.421	0.393	0.370	0.359	0.329	0.337	0.302
上海	0.307	0.304	0.282	0.261	0.239	0.222	0.217	0.200	0.185	0.167
江苏	0.536	0.521	0.492	0.458	0.421	0.388	0.347	0.315	0.299	0.266
浙江	0.517	0.495	0.464	0.435	0.417	0.392	0.375	0.354	0.344	0.307
安徽	0.705	0.699	0.691	0.649	0.650	0.621	0.587	0.526	0.492	0.425
福建	0.475	0.464	0.455	0.433	0.417	0.399	0.368	0.350	0.339	0.308
江西	0.676	0.655	0.638	0.598	0.575	0.580	0.576	0.591	0.683	0.589
山东	0.536	0.516	0.492	0.454	0.428	0.401	0.376	0.339	0.332	0.312
河南	0.631	0.612	0.582	0.540	0.503	0.480	0.451	0.420	0.411	0.383
湖北	0.653	0.629	0.594	0.552	0.520	0.491	0.449	0.408	0.381	0.336
湖南	0.631	0.616	0.600	0.566	0.534	0.505	0.464	0.427	0.412	0.370
广东	0.454	0.436	0.415	0.402	0.389	0.367	0.336	0.310	0.304	0.282
广西	0.656	0.626	0.596	0.546	0.524	0.490	0.463	0.422	0.416	0.373
海南	0.470	0.455	0.442	0.436	0.421	0.406	0.386	0.348	0.350	0.347
重庆	0.608	0.575	0.540	0.500	0.471	0.440	0.398	0.356	0.347	0.320
四川	0.696	0.663	0.627	0.576	0.543	0.513	0.480	0.451	0.435	0.398
贵州	0.636	0.591	0.574	0.543	0.512	0.483	0.442	0.408	0.397	0.367

续表 6.5

省份	年份									
	2001	2002	2003	2004	2005	2006	2007	2008	2009	2010
云南	0.602	0.617	0.618	0.589	0.648	0.630	0.846	0.650	0.692	0.674
陕西	0.637	0.627	0.598	0.561	0.520	0.466	0.424	0.372	0.366	0.335
甘肃	0.902	0.753	0.686	0.627	0.525	0.503	0.474	0.442	0.434	0.387
青海	0.607	0.595	0.582	0.582	0.526	0.482	0.449	0.398	0.401	0.365
宁夏	0.601	0.579	0.555	0.521	0.498	0.474	0.424	0.368	0.375	0.329
新疆	0.457	0.450	0.419	0.386	0.373	0.326	0.304	0.258	0.273	0.214

省份	年份								
	2011	2012	2013	2014	2015	2016	2017	2018	2019
北京	0.233	0.224	0.185	0.156	0.148	0.130	0.124	0.083	0.068
天津	0.168	0.162	0.139	0.125	0.115	0.094	0.094	0.169	0.155
河北	0.333	0.323	0.316	0.305	0.292	0.278	0.266	0.272	0.254
山西	0.222	0.209	0.198	0.208	0.230	0.235	0.210	0.232	0.203
内蒙古	0.450	0.617	0.452	0.490	0.363	0.396	0.390	0.274	0.189
辽宁	0.232	0.223	0.227	0.237	0.223	0.255	0.252	0.228	0.209
吉林	0.222	0.210	0.212	0.201	0.203	0.194	0.188	0.252	0.244
黑龙江	0.260	0.253	0.245	0.246	0.240	0.238	0.213	0.237	0.233
上海	0.154	0.155	0.194	0.181	0.160	0.136	0.120	0.082	0.062
江苏	0.231	0.212	0.185	0.158	0.145	0.125	0.109	0.091	0.076
浙江	0.280	0.266	0.247	0.232	0.218	0.199	0.177	0.159	0.142
安徽	0.384	0.365	0.353	0.344	0.340	0.323	0.307	0.261	0.255
福建	0.295	0.280	0.259	0.246	0.237	0.218	0.205	0.159	0.138
江西	0.580	0.502	0.477	0.428	0.357	0.324	0.293	0.266	0.249
山东	0.291	0.280	0.263	0.250	0.240	0.234	0.228	0.229	0.190
河南	0.361	0.349	0.343	0.331	0.326	0.311	0.299	0.276	0.253
湖北	0.293	0.267	0.253	0.238	0.226	0.207	0.194	0.158	0.142

续表 6.5

省份	年份								
	2011	2012	2013	2014	2015	2016	2017	2018	2019
湖南	0.332	0.314	0.299	0.279	0.263	0.243	0.221	0.201	0.175
广东	0.252	0.233	0.215	0.203	0.188	0.170	0.150	0.135	0.152
广西	0.336	0.308	0.299	0.292	0.280	0.264	0.268	0.255	0.239
海南	0.318	0.328	0.323	0.318	0.303	0.301	0.278	0.248	0.196
重庆	0.287	0.277	0.272	0.257	0.245	0.209	0.187	0.160	0.135
四川	0.356	0.336	0.322	0.314	0.308	0.291	0.269	0.234	0.213
贵州	0.340	0.317	0.300	0.292	0.276	0.267	0.250	0.228	0.214
云南	0.885	0.740	0.639	0.517	0.484	0.467	0.435	0.389	0.416
陕西	0.295	0.145	0.138	0.133	0.152	0.136	0.122	0.098	0.101
甘肃	0.342	0.317	0.307	0.300	0.310	0.306	0.303	0.289	0.277
青海	0.336	0.324	0.294	0.252	0.240	0.234	0.233	0.237	0.225
宁夏	0.282	0.233	0.205	0.206	0.196	0.175	0.180	0.182	0.169
新疆	0.195	0.188	0.198	0.191	0.208	0.207	0.189	0.171	0.173

注:西藏数据不可获取,此表不包含西藏数据。

从表 6.5 看出,R&D 经费配置的错配系数与产业结构高级化指数的错配度区域分布与表 6.4 中 Lilien 指数的测度结果基本相同,呈现西部、中部和东北地区三大分布带错配度相对较高,东部地区 R&D 经费配置与产业结构高级化之间的错配度同样低于中部、西部地区。2019 年同样是北京、上海、江苏三个省份错配度低于 0.1,属于创新资源配置与产业结构高级化发展的高度协调地区;天津、内蒙古、浙江、福建、山东、湖北、湖南、广东、重庆、海南、陕西、宁夏、新疆等地的错配度在 0.1 ~0.2,同样达到了低错配高协调的状态,其中仍以东部地区居多;云南省的错配度为 0.416,是由于 R&D 经费出现下降导致 R&D 经费错配程度提升,整体协调度下降。

6.2.3　创新资源配置综合效率与产业结构空间错配测度

创新资源综合配置效率与产业结构高级化的错配度主要年份区域分布详细测算结果见表 6.6。

表 6.6　创新资源综合配置效率与产业结构高级化错配度(2001—2019 年)

省份	年份									
	2001	2002	2003	2004	2005	2006	2007	2008	2009	2010
北京	0.487	0.532	0.465	0.490	0.503	0.435	0.441	0.423	0.397	0.378
天津	0.581	0.522	0.548	0.519	0.500	0.511	0.493	0.463	0.446	0.396
河北	0.652	0.672	0.666	0.644	0.608	0.585	0.585	0.536	0.536	0.528
山西	0.723	0.689	0.673	0.636	0.632	0.550	0.558	0.426	0.490	0.484
内蒙古	0.711	0.673	0.594	0.598	0.583	0.548	0.537	0.515	0.413	0.328
辽宁	0.647	0.613	0.547	0.589	0.583	0.572	0.530	0.508	0.463	0.413
吉林	0.621	0.624	0.595	0.651	0.586	0.552	0.529	0.505	0.516	0.472
黑龙江	0.627	0.612	0.611	0.615	0.565	0.566	0.504	0.528	0.515	0.513
上海	0.444	0.445	0.465	0.474	0.412	0.430	0.428	0.421	0.445	0.379
江苏	0.632	0.631	0.590	0.580	0.556	0.532	0.461	0.473	0.493	0.429
浙江	0.667	0.609	0.605	0.613	0.539	0.572	0.542	0.514	0.520	0.514
安徽	0.764	0.754	0.742	0.702	0.684	0.661	0.640	0.596	0.593	0.459
福建	0.615	0.575	0.619	0.625	0.568	0.605	0.563	0.535	0.504	0.491
江西	0.761	0.757	0.737	0.713	0.698	0.684	0.647	0.643	0.568	0.533
山东	0.644	0.697	0.628	0.586	0.564	0.585	0.552	0.534	0.513	0.488
河南	0.737	0.733	0.695	0.659	0.612	0.624	0.596	0.570	0.617	0.551
湖北	0.736	0.747	0.685	0.658	0.637	0.634	0.599	0.569	0.549	0.540
湖南	0.748	0.731	0.692	0.682	0.677	0.647	0.640	0.603	0.610	0.544
广东	0.571	0.563	0.545	0.534	0.527	0.530	0.541	0.529	0.506	0.476
广西	0.733	0.735	0.705	0.685	0.664	0.663	0.594	0.597	0.613	0.562

续表 6.6

省份	年份									
	2001	2002	2003	2004	2005	2006	2007	2008	2009	2010
海南	0.638	0.710	0.654	0.679	0.512	0.569	0.530	0.457	0.615	0.485
重庆	0.719	0.662	0.637	0.660	0.712	0.571	0.648	0.509	0.569	0.421
四川	0.758	0.766	0.723	0.706	0.640	0.629	0.590	0.576	0.553	0.525
贵州	0.767	0.686	0.721	0.661	0.605	0.623	0.607	0.584	0.554	0.517
云南	0.697	0.723	0.639	0.659	0.691	0.663	0.617	0.580	0.563	0.554
陕西	0.697	0.688	0.659	0.671	0.606	0.585	0.520	0.491	0.502	0.459
甘肃	0.936	0.819	0.761	0.708	0.624	0.627	0.603	0.595	0.569	0.547
青海	0.725	0.704	0.720	0.724	0.621	0.535	0.506	0.520	0.570	0.524
宁夏	0.703	0.691	0.725	0.702	0.622	0.634	0.594	0.525	0.560	0.715
新疆	0.623	0.593	0.560	0.586	0.609	0.521	0.538	0.513	0.552	0.426

省份	年份								
	2011	2012	2013	2014	2015	2016	2017	2018	2019
北京	0.382	0.344	0.347	0.347	0.326	0.311	0.318	0.279	0.295
天津	0.364	0.391	0.338	0.368	0.321	0.276	0.344	0.320	0.361
河北	0.458	0.461	0.494	0.492	0.414	0.437	0.438	0.358	0.436
山西	0.385	0.400	0.396	0.492	0.420	0.393	0.403	0.357	0.408
内蒙古	0.445	0.068	0.909	0.536	0.276	0.318	0.290	0.200	0.277
辽宁	0.392	0.385	0.439	0.452	0.321	0.366	0.416	0.366	0.402
吉林	0.386	0.432	0.383	0.440	0.380	0.296	0.316	0.291	0.422
黑龙江	0.385	0.394	0.469	0.452	0.439	0.441	0.413	0.353	0.453
上海	0.376	0.361	0.402	0.383	0.317	0.313	0.307	0.250	0.266
江苏	0.382	0.394	0.433	0.467	0.403	0.340	0.360	0.292	0.367
浙江	0.422	0.420	0.444	0.500	0.412	0.381	0.439	0.368	0.432
安徽	0.585	0.508	0.527	0.544	0.496	0.483	0.510	0.447	0.562
福建	0.471	0.458	0.468	0.470	0.375	0.356	0.451	0.359	0.421

续表 6.6

省份	年份								
	2011	2012	2013	2014	2015	2016	2017	2018	2019
江西	0.481	0.511	0.499	0.426	0.440	0.400	0.484	0.473	0.477
山东	0.457	0.459	0.434	0.446	0.400	0.403	0.419	0.372	0.336
河南	0.514	0.522	0.504	0.518	0.482	0.472	0.458	0.422	0.508
湖北	0.464	0.446	0.417	0.420	0.401	0.383	0.391	0.394	0.381
湖南	0.519	0.502	0.468	0.473	0.436	0.423	0.405	0.392	0.381
广东	0.452	0.445	0.426	0.442	0.360	0.319	0.347	0.371	0.388
广西	0.473	0.427	0.402	0.415	0.394	0.398	0.461	0.534	0.497
海南	0.468	0.543	0.416	0.526	0.414	0.428	0.404	0.362	0.336
重庆	0.475	0.500	0.433	0.438	0.387	0.520	0.463	0.385	0.422
四川	0.482	0.482	0.476	0.488	0.440	0.439	0.453	0.447	0.474
贵州	0.417	0.483	0.411	0.447	0.530	0.417	0.395	0.396	0.454
云南	0.533	0.412	0.525	0.495	0.473	0.459	0.457	0.417	0.479
陕西	0.400	0.309	0.299	0.366	0.323	0.381	0.295	0.380	0.332
甘肃	0.508	0.459	0.459	0.491	0.478	0.455	0.443	0.438	0.507
青海	0.472	0.480	0.416	0.441	0.340	0.406	0.450	0.376	0.564
宁夏	0.349	0.385	0.347	0.443	0.378	0.355	0.357	0.407	0.445
新疆	0.409	0.362	0.427	0.374	0.404	0.418	0.403	0.396	0.380

注:西藏数据不可获取,此表不包含西藏数据。

由表6.6的数据可以看出,2001—2019年R&D资源综合配置效率与产业结构高级化的错配度是逐年下降的,即协调性是逐年上升的。以2019年的数据为例,其中错配度最低的有北京、上海、内蒙古三个地区,错配度小于0.3,其中北京和上海是在创新资源配置和产业结构高级化均较高的情况下实现低错配高协调度,而内蒙古是在双低的情况下实现低错配;天津、江苏、山东、湖北、湖南、广东、海南、陕西、新疆等地区错配度介于 0.3 ~ 0.4，属于中度错配地区，说明其创新资源综合配置效率与其产业结构高级化相适应；安徽、河南、青海、甘肃这些地区的错配度大于 0.5，说明创新资源综合配置效率与产业结构高级化的非协调性或错配性明显，数据显示均是由于创新资源全要素配置效率过低，导致与产业结构高级化不相适应，即创新资源的配置没有对产业结构优化过程产生相应的推动作用，反而是限制或阻碍作用。

综上可以看出，创新资源配置与产业结构高级化的错配度区域差异较大，中部、西部部分地区的错配度偏高意味着这些地区创新资源配置与产业结构之间存在空间非协调性，在一定程度上存在消极影响，即创新资源配置不合理会影响区域产业结构的高级化程度，如何调整创新资源合理配置将对区域产业结构优化乃至经济增长产生重要影响。

6.3 本章小结

本章利用产业结构高级化指数对各地区产业结构发展状况进行测度，并结合前文对创新资源配置的测算结果，对区域间创新资源配置与产业结构高级化之间的错配度进行测度，反映了我国区域间的产业结构高级化与创新资源配置存在空间不协调性或错配性。测算结果显示，2001—2019 年，我国创新资源配置与区域产业结构高级化之间的错配程度逐年下降，在错配度较高的区域中明显形成了西部、中部、东北三大区域带。从整体而言，东部地区的错配程度明显低于中部、西部地区，相当一部分地区的错配程度仍然较高，且区域差异性始终存在。创新资源配置状况对产业结构高级化及经济增长产生的影响机制以及影响的检验将在下一章进一步探讨。

第7章 创新资源配置对产业结构升级的影响机制

本章根据创新资源配置、创新驱动能力、产业结构高级化和经济增长之间的关系提出4个中介影响效应假设，通过建立链式多重中介效应模型对这4个假设进行验证，利用面板数据从空间维度深入探讨创新资源配置对产业结构及经济增长的影响机制，并为进一步创新资源错配修正的模拟提供依据。

7.1 中介影响效应假设

经典的经济理论及已有的实证研究表明，社会发展模式从粗放式向集约式转变，创新资源的有效集聚和配置成为区域经济增长的保障。R&D人员和R&D经费等创新资源在空间上聚集和有效配置，产生的集聚效应和溢出效应促使创新活动的产出效率提高，劳动生产效率和经济运行效率提高，经济效益大大提升，从而刺激经济增长。另外，创新资源配置效率提高、经济增长快的地区会促进创新活动形成良性循环，创新资源配置效率低、经济发展较为缓慢的地区为提升经济增长的动力，也会积极促进创新资源配置，从而带动经济增长。由此提出假设：

H1 有效的创新资源配置带动创新效率提高，推动经济增长水平提升。

科技创新是创新驱动的核心，是优化经济结构、建设现代化经济体系、推进经济高质量发展的基本驱动力。现阶段，我国创新资源在区域间、部门间、行业间持续存在错配问题，造成创新效率和创新驱动能力的非均衡性。引导创新资源流动到研发效率较高的科研机构和转化效率较高的企业中去，优质资源与优质企业驱动优质的创新活动过程，形成高技术的新产业、新产品，转化为科技创新驱动能力，带动经济增长方式转型升级，形成经济增长的新动力。由此提出假设：

H2 创新驱动能力在创新资源配置效率促进经济增长中起到中介作用。

创新资源配置效率提高会直接影响区域产业结构。其一，创新资源配置效率的提升意味着创新资源从低生产效率的产业流动到高生产效率的产业，产业间创新资源的相对成本发生变化，边际生产率随之发生变化，从而影响产业结构向合理化发展。其二，创新资源配置效率的提高通过技术进步实现产品生产过程升级改造，产业内部分工更加精细，原有产品生产效率提高、价格降低，并催生新的产品，从而居民消费结构趋向于高级化和个性化，这种转变会反向影响产业结构，要求产业结构更加优化。其三，创新资源配置效率的提高会通过上下游产业链影响产业结构，上游技术研发和基础产业的技术革新会优化下游产业生产，下游产业产品优化又对上游产业创新提出更高的要求，从而上下游产业相关联，提升了整个产业的生存力和竞争力，产业结构随之优化。其四，创新资源配置效率提高还通过省域间的空间关联性影响相邻地区产业结构，通过创新人才的流动和地区间贸易活动对邻近地区产生创新溢出效应，从而间接推动邻近地区产业结构优化和升级，进而带动地区经济增长。总之，一个地区创新资源配置效率的提高，不仅会提升本地区产业结构水平，也会间接影响邻近地区技术创新效率和产业结构水平，进而促进区域经济增长水平。由此提出假设：

H3 产业结构升级在创新资源配置效率促进经济增长中起到中介作用。

创新驱动能力是一个地区潜在的具有竞争力的科技创新能力，它的提升能够调整创新要素的配置，提高产业生产效率，从而推动产业结构转型升级。在产业内部，创新驱动带动企业汲取知识创新阶段与研发创新阶段的新知识，助力企业自身产品创新。因此，创新驱动能力提升会促使产业内部不断更新技术，提升整个产业创新能力和生产效率，实现产业结构不断向更合理、更高级的方向调整。在产业间，创新驱动力会通过扩散和渗透效应，带动关联性强的产业进行技术革新，从而实现产业结构突变到产业结构升级的优化过程。用高新技术产业带动传统行业，将高新技术渗透到传统行业中，推动传统行业改造升级，就是由新兴产业带动传统产业优化升级的过程。据此提出假设：

H4 创新驱动能力的提升推动产业结构升级。

基于上述 4 个假设，本书尝试通过中介效应模型进行以上假设检验，利用“创新资源综合配置效率—创新驱动能力增强—产业结构升级—经济增长水平提升”这一链条，讨论创新资源错配对产业结构升级和区域经济的作用机制。

7.2　链式多重中介效应

中介效应模型（Mediation Effect Model）考虑自变量 X 对因变量 Y 的影响，只涉及一个中介变量 M，模型中的 c 为自变量 X 对因变量 Y 的总效应，c' 为控制中介变量后自变量 X 对因变量 Y 的直接效应，$a \times b$ 为自变量 X 通过中介变量 M 对因变量 Y 产生的中介效应（间接效应）（图 7.1）。

研究复杂情景时，会涉及多个中介变量，简单的中介效应模型不足以分析自变量对因变量的作用（MacKinnon, 2008）。多重中介效应模型通过引入多个中介变量可以实现这种分析。多重中介效应模型按照中介变量之间是否存在联系分为并行多重中介效应模型和链式多重中介效应模型,前者中介变量M_i之间相互独立,后者中介变量M_i之间相互影响(Hayes, 2009;温忠麟,2014)。相比简单中介效应模型,多重中介效应模型优点有三:一是可以得出总的中介效应;二是可以在控制其他中介变量的条件下,研究某个特定中介变量的中介效应,这样可以减小简单中介效应模型中因忽略其他中介变量导致的参数估计偏差;三是可以对比不同中介变量的特定中介效应,判断哪一个中介变量的作用更强。

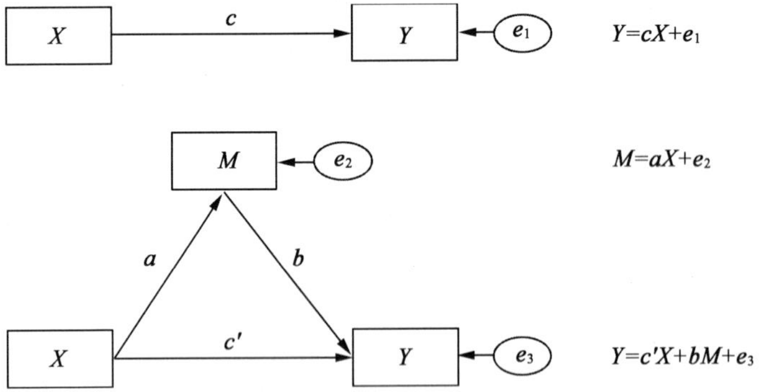

图 7.1　简单中介效应模型

本书的中介变量创新驱动能力和产业结构升级水平之间存在顺序关系,形成链式中介效应,适合构建链式多重中介效应模型(图7.2),按照路径分解为两个独立的简单(独立)中介效应和一个链式的中介效应。

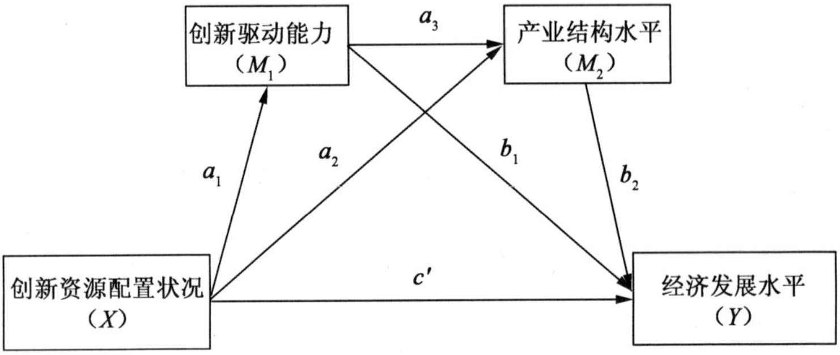

图 7.2　链式多重中介效应模型

其中简单(独立)中介效应表现为“创新资源综合配置效率提高—创新驱动能力增强—经济增长水平提升”和“创新资源综合配置效率提高—产业结构升级—经济增长水平提升”,记为“$X—M_1—Y$(独立中介效应 1)”和“$X—M_2—Y$(独立中介效应 2)”;链式中介效应表现为“创新资源综合配置效率—创新驱动能力增强—产业结构升级—经济增长水平提升”,记为“$X—M_1—M_2—Y$(链式中介效应)”。各中介效应加总即为总中介效应,总中介效应与直接效应构成创新资源综合配置效率对经济增长水平的总效应,各效应数值大小见表7.1。若链式中介效应不显著,独立中介效应显著,则退化为并行多重中介效应模型。

表 7.1　链式多重中介效应模型效应分解

效应分解	代码	路 径	效应值	符号
独立中介效应 1	Ind1	$X—M_1—Y$	$a_1 \times b_1$	+
独立中介效应 2	Ind2	$X—M_2—Y$	$a_2 \times b_2$	+
链式中介效应	Ind3	$X—M_1—M_2—Y$	$a_1 \times a_3 \times b_3$	+
总中介效应		$X—M_1—Y$ $X—M_2—Y$ $X—M_1—M_2—Y$	$a_1 \times b_1 + a_2 \times b_2 + a_1 \times a_3 \times b_3$	+
总效应		$X—Y$	$a_1 \times b_1 + a_2 \times b_2 + a_1 \times a_3 \times b_3 + c'$	+

前文已经对创新资源错配进行了多角度测度,本章将结合 4 个假设继续完善相关变量的选择和测度,利用完整的链式多重中介效应模型,进一步研究资源错配对产业结构升级及经济增长的影响。

7.2.1　相关变量选择

中介效应中涉及产业结构升级和创新资源配置指标,选用前文测度的产业结构高级化指数和创新资源配置的相关指标。经济增长水平用各地区人均实际 GDP 测度,其中实际 GDP 值是基于各地区 GDP 指数将地区 GDP 名义值转化为以 2000 年为基期的实际值。为了减小异方差的影响,对地区人均实际 GDP 取对数,记为 LPGDP。

$$LPGDP = \log\left(\frac{\text{地区生产总值实际值(亿元)}}{\text{年度平均人口(万人)}}\right) \tag{7.1}$$

较高的创新成果产出是提升创新驱动价值链的关键维度(Hansen,2007;袁航,2018)。立足创新驱动中成果产出这一维度,构建表 7.2 指标体系,度量各地区创新驱动能力(IDC,Innovation-Driven Capability)。

表 7.2 创新驱动能力评价指标

指标名称	计算方法
R&D 人员人均专利申请受理数	$\frac{\text{国内专利受理数}}{\text{R\&D 活动人员}}$
科技成果转化	$\frac{\text{技术市场合同金额输出地域}}{\text{技术市场合同金额输出地域流向地域}}$
高技术产业创新能力	$\frac{\text{高技术产业新产品销售收入}}{\text{高技术产业主营业务收入}}$

参考刘思明(2019)的研究成果,依式(7.2)将各指标动态标准化后,转化为标准正态累计概率值,将原指标取值区间转化为[0,100],避免原始数据中极端值的影响。其中x_{ijt}为第 i 个地区第 j 个指标第 t 年的观测值;$\bar{x}_j$,s_j为全部地区样本期内第 j 个指标的均值和标准差;$\Phi(x)$为 x 的标准正态累计概率分布值。本书将三个指标视为同等重要即赋等权重,加权平均后作为各地区创新驱动能力水平的测度。

$$z_{ijt} = 100 \times \Phi\left(\frac{x_{ijt} - \bar{x}_j}{s_j}\right) \tag{7.2}$$

利用各地区数据测算区域创新驱动能力指数见本书附录部分附表 6。

考虑到内生性问题，本书选择城镇化率、金融发展水平和政府支持程度三个控制变量。

1. 城镇化率(URB)

城镇化的核心是人口就业结构、经济产业结构的转化过程和城乡空间社区结构的变迁过程。城镇化进程极大地推动了我国经济增长，经济增长又进一步推动城镇规模扩大，加快城镇化进程。城镇化会在空间上集聚优质要素，尤其是创新要素，从而加速创新效率的提高，推动技术创新，推进城市产业结构不断优化，进一步释放城市经济发展潜力和活力，为经济发展提供源源不断的动力。本书用城镇人口与总人口的比例表示各地区城镇化率。

$$\text{URB} = \frac{\text{城镇人口(万人)}}{\text{年末常住总人口(万人)}} \tag{7.3}$$

2. 金融发展水平(FIN)

金融发展水平的提升直观表现为金融规模的扩大，金融机构不断集聚社会闲散资金，融资规模扩大，从而为企业提供源源不断的资金支持，推动企业扩大生产规模，开发新技术，为整个社会的产业结构升级和经济发展提供动力。成熟的金融体系也意味着信息更加公开、透明，市场运行效率得到提升，加速了金融发展、科技创新、产业升级、经济增长之间的良性循环。本书利用 Goldsmith(1969)提出的金融相关率作为区域金融发展水平量化测度，该值越高，银行部门规模越大，金融发展水平越高，计算公式为

$$\text{FIN} = \frac{\text{金融机构存贷款余额(亿元)}}{\text{名义 GDP(亿元)}} \tag{7.4}$$

3. 政府支持程度(GOV)

我国产业发展在很大程度上由地方政府主导，地方政府具有的财政自主权或采取的差异化政策会影响当地创新效率，进而影响产业布局。在地区发展不平衡的现实条件下，创新要素的流动会显著提升地区创新绩效，地区间实施的差别化的创新驱动发展战略也会加剧创新要素的区际流动，政府支持会在这一过程中对创新要素流动起到“催化剂”作用，促进创新要素发挥创新效应，进一步优化资源

配置(卓乘风,2017)。本书用地方财政预算支出中科技、教育类支出占比表示政府支持力度,该值越高,政府在创新方面的支持力度越大。

$$GOV=\frac{\text{地方财政科技支出}+\text{地方财政教育支出(亿元)}}{\text{地方财政一般预算支出(亿元)}} \tag{7.5}$$

本章的研究数据均为地区 2000—2019 年的面板数据,数据来源为《中国统计年鉴》、《中国科技统计年鉴》、《中国高技术产业统计年鉴》、《中国金融统计年鉴》、各省份统计年鉴及锐思宏观经济数据库,对 R&D 经费内部支出、技术市场合同成交额、地区生产总值等数据均基于相应价格指数换算为以 2000 年为基期。表 7.3 给出了核心变量和控制变量的描述统计汇总。

表 7.3　变量描述性统计结果

变量类型	变量名称	代码	样本量	均值	标准差	最小值	最大值
核心变量	创新资源综合配置效率	TFP_{RD}	570	1.055	0.195	0.459	2.509
	创新驱动力指数	IDC	570	47.967	19.816	11.821	95.407
	产业结构高级化指数	IS	570	0.261	0.179	0.011	0.959
	对数人均 GDP	LPGDP	570	0.705	0.721	-1.215	2.378
控制变量	城镇化率	URB	570	51.585	14.781	20.350	89.600
	金融发展水平	FIN	570	2.842	1.081	1.288	8.131
	政府支持程度	GOV	570	17.641	3.066	9.980	25.317

7.2.2　中介效应检验

为研究创新资源配置状况对经济增长水平的影响机制,下面用 Bootstrap 法结合面板数据检验其总效应与链式多重中介效应。Bootstrap 法通过对原始样本进行大量抽样,修正指标分布的不对称性,显著提高复杂中介效应检验的准确性。

表 7.4　Bootstrap 法链式多重中介效应检验结果

中介效应	系数	95% 置信下限	95% 置信上限	抽样 次数
Ind1（TFP_{RD}—IDC—LNGDP）	0.049*** (0.016)	0.021	0.083	5 000
Ind2（TFP_{RD}—IS—LNGDP）	0.073 (0.072)	-0.073	0.209	5 000
Ind3（TFP_{RD}—IDC—IS—LNGDP）	0.019*** (0.012)	0.001	0.048	5 000
Ind1 - Ind2	-0.024 (0.080)	-0.177	0.136	5 000
Ind1 - Ind3	0.031 (0.015)	0.003	0.062	5 000
Ind2 - Ind3	0.055 (0.079)	-0.109	0.201	5 000
总间接效应	0.141*** (0.063)	0.015	0.259	5 000
直接效应	0.161	-	-	-
总效应	0.302	-	-	-

注:括号内为标准误，*、**、***分别表示估计系数在 10%、5%、1% 的显著性水平下显著。

表 7.4 报告了 5 000 次抽样的 Bootstrap 法链式多重中介效应检验结果。其中，独立中介效应 1（创新资源综合配置效率—创新驱动能力—经济增长）中介效应值为 0.408，对应的 95% 置信区间不包含 0，该中介效应显著；独立中介效应 2（创新资源综合配置效率—产业结构高级化—经济增长）中介效应值为 0.175，对应的 95% 置信区间包含 0，该中介效应不显著；链式中介效应（创新资源配置综合效

率—创新驱动能力增强—产业结构高级化—经济增长)中介效应值为0.160,对应的95%置信区间不包含0,该中介效应显著,从而所构建的链式多重中介效应模型是有意义的。虽然独立中介效应2不显著,但是中介效应差异检验结果(Ind1 - Ind2、Ind1 - Ind3、Ind2 - Ind3)中,95%置信区间均包含0,表示创新资源综合配置效率通过两个独立中介渠道和链式中介渠道促进经济发展没有明显区别,说明创新资源配置优化不仅可以通过提高创新驱动能力和推动产业结构优化升级两个独立中介渠道影响经济增长,还可以通过"创新资源综合配置效率—创新驱动能力增强—产业结构高级化—经济增长"这条链式中介渠道推动经济增长,前文中的假说得到验证。所有独立中介效应和链式中介效应之和系数为0.743,创新资源综合配置效率对经济增长的间接效应显著。中介渠道中,独立中介效应1的值最大,链式中介效应值次之,最后是独立中介效应2。

该检验方法均表明,整体来看,"创新资源综合配置效率提高—创新驱动能力提升—产业结构高级化—经济增长"这一链条的中介效应显著,说明创新资源如果形成有效配置所带来的综合配置效率提升会对产业结构升级和经济增长产生连锁正效应。

为了进一步验证创新资源配置综合效率对不同区域的产业结构及经济增长的影响有效性和差异性,分别对东、中、西部地区做了链式中介效应检验,检验结果如下。

表7.5 东部地区Bootstrap法链式多重中介效应检验结果

中介效应	系数	95% 置信下限	95% 置信上限	抽样 次数
Ind1(TFP_{RD}—IDC—ECO)	0.290*** (0.104)	0.081	0.488	5 000
Ind2(TFP_{RD}—IS—ECO)	-0.173 (0.136)	-0.444	0.097	5 000

续表 7.5

中介效应	系数	95% 置信下限	95% 置信上限	抽样 次数
Ind3（TFP_{RD}—IDC—IS—ECO）	0.396*** （0.147）	0.109	0.691	5 000
Ind1 - Ind2	0.462*** （0.186）	0.088	0.825	5 000
Ind1 - Ind3	-0.107* （0.071）	-0.277	-0.004	5 000
Ind2 - Ind3	-0.569*** （0.230）	-1.034	-0.133	5 000
总间接效应	0.514** （0.244）	0.026	0.982	5 000
直接效应	0.191*	-	-	-
总效应	0.705**	-	-	-

注:括号内为标准误，*、**、***分别表示估计系数在 10%、5%、1% 的显著性水平下显著。

表 7.5 为东部地区 Bootstrap 法链式多重中介效应检验结果,独立中介效应 1(创新资源综合配置效率—创新驱动能力增强—经济增长)中介效应值为 0.290,对应的 95% 置信区间不包含 0,该中介效应显著;独立中介效应 2(创新资源综合配置效率—产业结构升级—经济增长)中介效应值为 -0.173,对应的 95% 置信区间包含 0,该中介效应不显著;链式中介效应(创新资源综合配置效率—创新驱动能力增强—产业结构升级—经济增长)中介值为 0.396,对应的 95% 置信区间不包含 0,该中介效应显著,从而所构建的链式多重中介效应模型是有意义的。该结果说明东部地区创新资源综合配置效率可以通过提高创新驱动能力和推动产业结构升级两条独立中介渠道影响

经济增长,还可以通过“创新资源综合配置效率—创新驱动能力增强—产业结构升级—经济增长”这条链式中介渠道推动经济实现高质量发展。所有独立中介效应和链式中介效应之和系数为0.514,创新资源综合配置效率对经济增长的间接效应显著。中介渠道中,链式中介效应值最大,独立中介效应1的值次之,最后是独立中介效应2。

表7.6 中部地区Bootstrap法链式多重中介效应检验结果

中介效应	系数	95%置信下限	95%置信上限	抽样次数
Ind1(TFP_{RD}—IDC—ECO)	0.130*** (0.051)	0.039	0.241	5 000
Ind2(TFP_{RD}—IS—ECO)	0.402* (0.211)	0.054	0.887	5 000
Ind3(TFP_{RD}—IDC—IS—ECO)	0.178*** (0.074)	0.051	0.345	5 000
Ind1 - Ind2	-0.273 (0.212)	-0.763	0.085	5 000
Ind1 - Ind3	-0.048 (0.050)	-0.164	0.037	5 000
Ind2 - Ind3	-0.048 (0.050)	-0.164	0.037	5 000
总间接效应	0.710*** (0.242)	0.320	1.263	5 000
直接效应	0.234***	-	-	-
总效应	0.944***	-	-	-

注:括号内为标准误,*、**、***分别表示估计系数在10%、5%、1%的显著性水平下显著。

表 7.6 为中部地区 Bootstrap 法链式多重中介效应检验结果，独立中介效应 1（创新资源综合配置效率—创新驱动能力增强—经济增长）中介效应值为 0.130，对应的 95% 置信区间不包含 0，该中介效应显著；独立中介效应 2（创新资源综合配置效率—产业结构升级—经济增长）中介效应值为 0.402，对应的 95% 置信区间不包含 0，该中介效应显著；链式中介效应（创新资源综合配置效率—创新驱动能力增强—产业结构升级—经济增长）中介效应值为 0.178，对应的 95% 置信区间不包含 0，该中介效应显著，从而所构建的链式多重中介效应模型是有意义的。说明中部地区创新资源综合配置效率可以通过提高创新驱动能力和推动产业结构升级两条独立中介渠道影响经济发展，还可以通过“创新资源综合配置效率—创新驱动能力增强—产业结构高级化—经济增长”这条链式中介渠道推动经济实现高质量发展。所有独立中介效应和链式中介效应之和系数为 0.710，创新资源综合配置效率对经济增长的间接效应显著。中介渠道中，独立中介效应 2 最大，链式中介效应值次之，最后是独立中介效应 1。

表 7.7　西部地区 Bootstrap 法链式多重中介效应检验结果

中介效应	系数	95% 置信下限	95% 置信上限	抽样 次数
Ind1（TFP_{RD}—IDC—ECO）	0.113*** （0.047）	0.036	0.222	5 000
Ind2（TFP_{RD}—IS—ECO）	0.187 （0.244）	-0.356	0.586	5 000
Ind3（TFP_{RD}—IDC—IS—ECO）	0.166* （0.095）	0.044	0.400	5 000
Ind1 - Ind2	-0.074*** （0.268）	-0.507	0.522	5 000

续表 7.7

中介效应	系数	95% 置信下限	95% 置信上限	抽样 次数
Ind1 - Ind3	-0.053 (0.072)	-0.239	0.041	5 000
Ind2 - Ind3	0.021 (0.311)	-0.679	0.495	5 000
总间接效应	0.466*** (0.184)	0.052	0.808	5 000
直接效应	0.007	-	-	-
总效应	0.473**	-	-	-

注:括号内为标准误, *、**、***分别表示估计系数在10%、5%、1%的显著性水平下显著。

表7.7为西部地区 Bootstrap 法链式多重中介效应检验结果,独立中介效应1(创新资源综合配置效率—创新驱动能力增强—经济发展水平提升)中介效应值为0.113,对应的95%置信区间不包含0,该中介效应显著;独立中介效应2(创新资源综合配置效率—产业结构高级化—经济增长)中介效应值为0.187,对应的95%置信区间包含0,该中介效应不显著;链式中介效应(创新资源综合配置效率—创新驱动能力增强—产业结构高级化—经济增长)中介效应值为0.166,对应的95%置信区间不包含0,该中介效应显著,从而所构建的链式多重中介效应模型是有意义的。说明创新资源综合配置效率可以通过提高创新驱动能力独立中介渠道影响经济发展,还可以通过"创新资源综合配置效率—创新驱动能力增强—产业结构高级化—经济增长"这条链式中介渠道推动经济实现高质量发展。所有独立中介效应和链式中介效应之和系数为0.466,创新资源综合配置效率对经济增长的间接效应显著。

由东、中、西部地区的链式中介效应检验可以看出,中部地区链式效应的总效应最高，东部次之，西部最低，说明创新资源配置的优化对中部地区的产业结构优化和经济增长带来的影响最大。东部、西部的链式中介效应中，创新资源综合配置效率只能借助创新驱动力实现产业结构优化与经济增长的影响；而中部地区创新资源配置可以通过各个链条对产业结构优化与经济增长实现显著影响。基于此，本书借助于空间计量模型进一步探讨该链条中的创新资源配置与创新驱动力之间的空间关联效应。

7.3　空间效应分析

基于中介效应反映的创新资源配置链条所产生的效应，选取2001—2019 年各地区面板数据，估计空间计量模型，从创新资源空间分布与空间溢出视角，研究创新资源配置不同测度结果对链条的初始端——创新驱动能力的空间影响，依据中介链式效应的存在，可知创新资源配置的变化能够对产业结构高级化和经济增长产生连锁效应。

7.3.1　构建空间权重矩阵

空间权重矩阵表征空间单元之间的相互依赖性与关联程度，正确合理地选用空间权重矩阵是进行空间计量分析的关键，对于创新活动如何影响产业结构水平的空间计量分析至关重要。本书选择空间邻接权重矩阵$W1_{ij}$、地理距离空间权重矩阵$W2_{ij}$及经济距离权重矩阵$W3_{ij}$三种空间权重矩阵，$W1SD_{ij}$、$W2SD_{ij}$、$W3SD_{ij}$分别为相应行标准化的空间权重矩阵，从而更全面地研究创新活动对产业结构的影响机制，也可以相互佐证，保证模型结果的稳健性和客观性。

1. 空间邻接权重矩阵$W1_{ij}$

该类型权重矩阵按照不同区域单元地理位置是否邻接设定权重矩阵中的元素值，是假定两个地区有共同边界时空间关联才会发生，矩阵对角线元素位置均为 0，当区域 i 和区域 j 相邻，对应元素值设定为1,否则设定为0,故该权重矩阵是二进制权重矩阵,元素值均为0或1。

$$W1_{ij}=\begin{cases}1,\text{当区域 }i\text{ 和区域 }j\text{ 相邻}\\0,\text{当区域 }i\text{ 和区域 }j\text{ 不相邻}\end{cases}\quad(i\neq j)\tag{7.10}$$

2. 地理距离权重矩阵$W2_{ij}$

该类型权重矩阵是按照不同区域单元所在经纬度之间的距离设定权重矩阵中的元素值,矩阵对角线元素同样为0,其他元素值设定规则如下,d_{ij}为各地区省会城市之间的地理距离。

$$W2_{ij}=\begin{cases}\dfrac{1}{d_{ij}^2}, & i\neq j\\0, & i=j\end{cases}\tag{7.11}$$

3. 经济距离权重矩阵$W3_{ij}$

空间邻接权重矩阵和地理距离权重矩阵均是从区域单元地理位置角度设定元素值。随着经济、贸易、科技的不断发展,城市之间、地区之间联系日趋紧密,地理距离不足以代表区域单元之间的关联程度,地理距离较远的区域单元之间的影响必然存在。基于此,有必要建立基于经济距离的空间权重矩阵描述这种影响。矩阵对角线元素仍为0,其他元素值按照地区间人均实际地区生产总值差额绝对值的倒数设定,从而地区间经济水平差距越小,相应元素值赋值越大,反之元素值赋值越小,$\overline{Y}_i=\sum_{t_0}^{t_1}Y_{it}/(t_1-t_0+1)$,为地区$i$样本期间的人均实际地区生产总值的均值。

$$W3_{ij}=\begin{cases}\dfrac{1}{|\overline{Y}_i-\overline{Y}_j|}, & i\neq j\\0, & i=j\end{cases}\tag{7.12}$$

7.3.2 确定空间计量模型

通过空间自相关检验,确定存在空间相关性,构建空间权重矩阵并选择空间计量模型进行分析。现有文献中使用较多的空间计量模型包括空间滞后模型(SLM)、空间误差模型(SEM)和空间杜宾模型(SDM)。

1. 空间滞后模型

空间滞后模型(Spatial Lag Model,SLM)是指空间依赖存在于被解释变量,考虑的是空间结构造成对周边地区对本地区被解释变量的影响。模型为

$$y = \rho Wy + X\beta + \eta + \delta + \varepsilon \tag{7.13}$$

其中,ρ 为空间效应系数,W 为空间权重矩阵,y 为被解释变量,Wy 为被解释变量的内生交互效应,X 为外生解释变量,β 为解释变量的回归系数,η 为地区固定效应,δ 为时间固定效应,ε 为随机扰动项。

2. 空间误差模型

空间误差模型(Spatial Error Model,SEM)是指空间依赖存在于误差项之中,空间关联程度强的地区不可观测的误差冲击会影响本地区被解释变量的变化。模型为

$$y = X\beta + \eta + \delta + u, u = \lambda Wu + \varepsilon \tag{7.14}$$

其中,λ 为随机扰动项的空间效应系数。

3. 空间杜宾模型

空间杜宾模型(Spatial Dubin Model,SDM)是指空间依赖存在于解释变量与被解释变量之中,空间关联程度强的地区被解释变量和解释变量的变化都会影响本地区被解释变量的变化。模型为

$$y = \rho Wy + X\beta + WX\gamma + \eta + \delta + \varepsilon \tag{7.15}$$

其中,β 和 γ 均为回归系数。

空间杜宾模型(SDM)可以理解为空间滞后模型(SLM)和空间误差模型(SEM)更一般的形式,空间滞后模型(SLM)和空间误差模型(SEM)可以理解为空间杜宾模型(SDM)的退化,借助似然比检验(LR Test)和 Wald 检验可以确定空间杜宾模型(SDM)是否需要退化。

7.3.3　空间自相关性检验

本研究基于三种空间权重矩阵式(7.10)、式(7.11)和式

(7.12),计算被解释变量创新驱动能力指数(IDC)的 Moran's I 值,分析其空间关联性。

表 7.8 显示,不同权重矩阵下创新驱动能力指数(IDC)的 Moran's I 值均在 1% 的显著性水平下显著为正,存在显著空间溢出效应,即创新驱动能力强的地区,相邻地区创新驱动能力也较强,呈现空间集聚现象。经济距离面板权重矩阵下创新驱动能力指数(IDC)的 Moran's I 值最大,邻接面板权重矩阵下 Moran's I 值次之,地理距离权重矩阵下 Moran's I 值最小。故本研究基于邻接权重矩阵(W1)、地理距离权重矩阵(W2)、经济距离权重矩阵(W3)三种权重矩阵构建空间计量模型。

表 7.8 创新驱动能力指数(IDC)空间自相关性检验结果

年份	W1	W2	W3
Moran's I	0.222***	0.120***	0.332***

图 7.3 为面板权重矩阵下 Moran's I 值散点图,多数地区集中于第一、三象限,仅个别地区位于第二、四象限,说明创新驱动能力指数(IDC)存在集群现象,表现出正向空间相关性,与表 7.8 中 Moran's I 值检验结果一致。进一步,图 7.4 至图 7.6 分别为三种截面权重矩阵下 2001 年、2019 年 Moran's I 值散点图,同样,多数地区集中于第一、三象限,第二、四象限地区较少,创新驱动能力的空间集聚性进一步得到验证。其中,位于第一象限的地区有北京、天津、上海、江苏、浙江、安徽、山东、湖北、湖南等地,含义为强创新驱动能力的地区被强创新驱动能力的地区包围;位于第二象限的地区有山西、内蒙古、福建、江西,含义为弱创新驱动能力的地区被强创新驱动能力的地区包围;位于第三象限的地区有河北、吉林、黑龙江、河南、广西、海南、重庆、贵州、云南、宁夏、新疆,含义为弱创新驱动能力的地区被弱创新驱动能力的地区包围;位于第四象限的地区有辽宁、广东、陕西、四川、甘肃,含义为强创新驱动能力的地区被弱创新驱动能力的地区

包围。

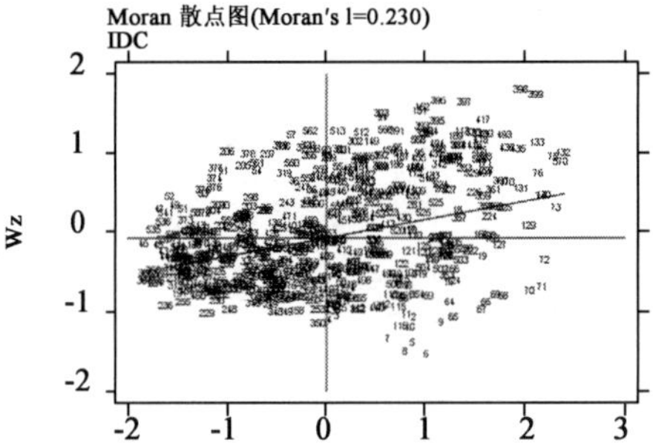

基于W1

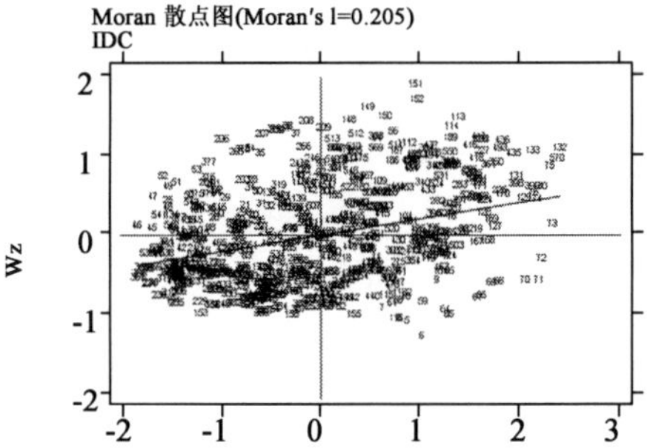

基于W2

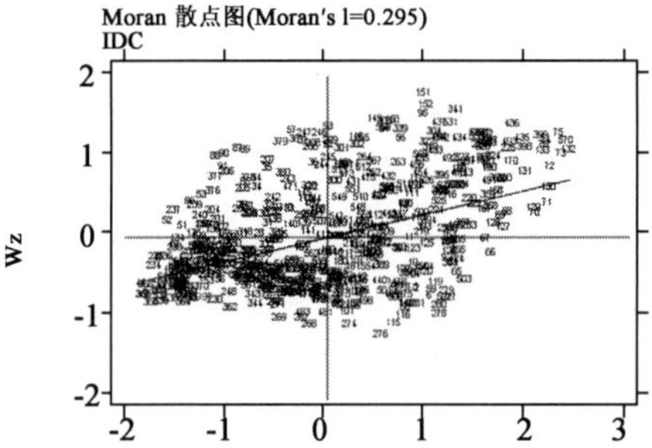

基于W3

图 7.3　2001—2019 年创新驱动能力指数 Moran's I 值散点图

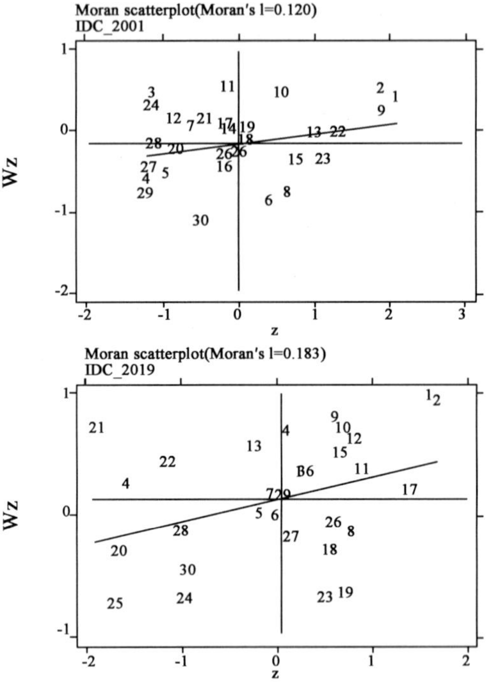

图 7.4　2001 年和 2019 年创新驱动能力指数 Moran's I 值散点图（W1）

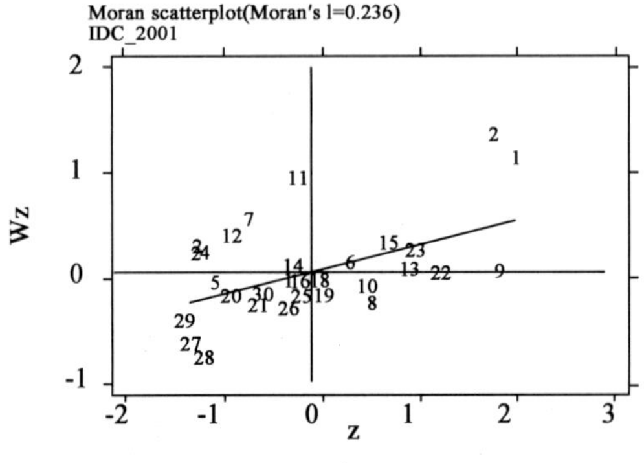

图 7.5　2001 年和 2019 年创新驱动能力指数 Moran's I 值散点图（W2）

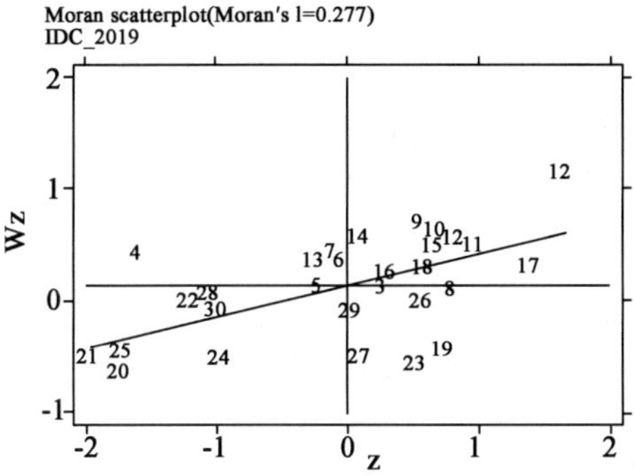

续图 7.5

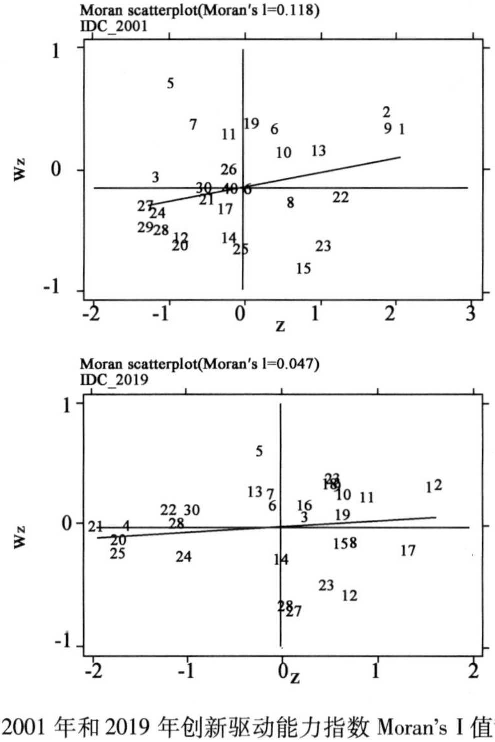

图 7.6　2001 年和 2019 年创新驱动能力指数 Moran's I 值散点图(W3)

7.3.4 模型选择

依据不同空间权重矩阵对模型进行选择。

一种方法是用 OLS 方法估计出无空间效应的回归模型后，进行诊断检验，若 LM(error)、Robust LM(error)统计量显著，则选择空间误差模型(SEM)；若 LM(lag)、Robust LM(lag)统计量显著，则选择空间滞后模型(SLM)。诊断检验结果中，不同权重矩阵下，LM(error)、Robust LM(error)、LM(lag)、Robust LM(lag)统计量普遍在 5% 的显著性水平下显著，需要考虑多种空间依赖性，构建空间杜宾模型。

另一种方法是似然比检验(LR Test)，判断无约束模型是否要退化为有约束模型。似然比检验结果显示，不同权重矩阵下 p 值均小于 0.01，故在 1% 的显著性水平下拒绝原假设，空间杜宾模型(SDM)并不退化为空间滞后模型(SLM)或空间误差模型(SEM)。

结合诊断检验和似然比检验结果(表 7.9)，本书选择建立空间杜宾模型(SDM)，研究各地区创新资源配置对区域创新驱动能力的影响。下面以创新资源错配系数和综合配置效率两个指标作为创新资源配置指标加入模型中。

表 7.9　空间计量模型事前检验结果

变量	检验方法	W1SD	W2SD	W3SD
		统计量	统计量	统计量
MISK	LRTest(H_0 :SDM 模型能退化成 SLM 模型)	40.200***	42.980***	21.180***
	LRTest(H_0 :SDM 模型能退化成 SEM 模型)	83.040***	77.710***	58.970***
	LM(error)	39.820***	0.005	12.048***
	RobustLM(error)	40.369***	1.259	5.765**
	LM(lag)	1.403	6.581*	12.165***
	RobustLM(lag)	1.951	7.835***	5.881**
MISL	LRTest(H_0 :SDM 模型能退化成 SLM 模型)	31.270***	42.650***	22.830***
	LRTest(H_0 :SDM 模型能退化成 SEM 模型)	67.610***	69.830***	57.880***
	LM(error)	80.171***	44.051***	17.850***
	RobustLM(error)	79.447***	63.801***	8.474***
	LM(lag)	3.748*	8.326***	18.423***
	RobustLM(lag)	3.024*	28.076***	9.047***

续表 7.9

变量	检验方法	W1SD	W2SD	W3SD
		统计量	统计量	统计量
TFP_{RD}	LRTest(H_0 :SDM 模型能退化成 SLM 模型)	16.200***	32.990***	18.080***
	LRTest(H_0 :SDM 模型能退化成 SEM 模型)	43.140***	53.510***	43.020***
	LM(error)	42.933***	17.032***	13.105***
	RobustLM(error)	49.693***	26.035***	6.104**
	LM(lag)	0.051	3.938**	13.202***
	RobustLM(lag)	6.811***	12.940***	6.201**
$EFFCH_{RD}$ $TECHCH_{RD}$	LRTest(H_0 :SDM 模型能退化成 SLM 模型)	20.630***	39.260***	16.730***
	LRTest(H_0 :SDM 模型能退化成 SEM 模型)	48.340***	59.050***	43.060***
	LM(error)	43.282***	16.898***	13.455***
	RobustLM(error)	49.344***	25.710***	6.155**
	LM(lag)	0.132	3.754*	13.910***
	RobustLM(lag)	6.194**	12.565***	6.610***

注:括号内为标准误，*、**、***分别表示估计系数在 10%、5%、1% 的显著性水平下显著。

1. 单一创新资源错配对区域创新驱动能力的影响

考察单一创新资源错配是否抑制区域创新能力，设定R&D经费错配模型和R&D人员错配模型见式(7.16)和式(7.17)。

$$\mathrm{IDC}_{it}=\rho_k W\times\mathrm{IDC}_{it}+\alpha_1\mathrm{MISK}_{it}+\alpha_2\mathrm{URB}_{it}+\alpha_3\mathrm{FIN}_{it}+\alpha_4\mathrm{GOV}_{it}+\delta_1 W\times\mathrm{MISK}_{it}+\delta_2 W\times\mathrm{URB}_{it}+\delta_3 W\times\mathrm{FIN}_{it}+\delta_4 W\times\mathrm{GOV}_{it}+\eta_i+\varepsilon_{it} \tag{7.16}$$

$$\mathrm{IDC}_{it}=\rho_l W\times\mathrm{IDC}_{it}+\beta_1\mathrm{MISL}_{it}+\beta_2\mathrm{URB}_{it}+\beta_3\mathrm{FIN}_{it}+\beta_4\mathrm{GOV}_{it}+\gamma_1 W\times\mathrm{MISL}_{it}+\gamma_2 W\times\mathrm{URB}_{it}+\gamma_3 W\times\mathrm{FIN}_{it}+\gamma_4 W\times\mathrm{GOV}_{it}+\eta_i+\varepsilon_{it} \tag{7.17}$$

基于2001—2019年各地区面板数据，以创新驱动能力指数(IDC)为被解释变量，SDM回归结果见表7.10。

表7.10　单一要素错配系数回归结果

变量	MISK			MISL		
	W1SD	W2SD	W3SD	W1SD	W2SD	W3SD
MISK	−5.903*** (0.600)	−5.715*** (0.600)	−5.251*** (0.604)	—	—	—
MISL	—	—	—	−2.821*** (0.378)	−2.705*** (0.374)	−2.699*** (0.375)
URB	0.224*** (0.084)	0.169** (0.088)	0.295*** (0.088)	0.280*** (0.086)	0.240*** (0.090)	0.317*** (0.088)
FIN	6.858*** (1.034)	5.599*** (1.067)	5.796*** (1.110)	6.303*** (1.081)	5.194*** (1.118)	4.824*** (1.162)
GOV	0.106 (0.243)	0.301 (0.243)	0.517** (0.245)	0.466* (0.242)	0.738*** (0.241)	0.841*** (0.250)
W × MISK	−0.746 (0.930)	0.782 (1.352)	1.279 (1.888)	—	—	—

续表 7.10

变量	MISK			MISL		
	W1SD	W2SD	W3SD	W1SD	W2SD	W3SD
W × MISL	-	-	-	-0.313 (0.631)	-0.589 (0.835)	1.087 (0.727)
W × URB	0.672*** (0.121)	0.523*** (0.132)	0.392*** (0.135)	0.646*** (0.127)	0.603*** (0.137)	0.329** (0.137)
W × FIN	2.297 (1.554)	7.491*** (1.694)	6.007*** (1.916)	1.862 (1.652)	7.101*** (1.750)	7.154*** (1.960)
W × GOV	0.312 (0.315)	0.004 (0.329)	-0.175 (0.346)	0.017 (0.325)	-0.340 (0.339)	-0.365 (0.355)
ρ	0.129** (0.600)	0.104* (0.067)	0.135** (0.070)	0.134** (0.057)	0.041 (0.066)	0.143** (0.069)
R^2	0.700	0.697	0.692	0.681	0.682	0.680
Log - L	-1 955.402	-1 959.389	-1 965.714	-1 973.141	-1 974.515	-1 976.538

注:括号内为标准误, *、* *、* * *分别表示估计系数在 10%、5%、1% 的显著性水平下显著。

空间效应系数 ρ 普遍在 5% 的显著性水平下显著为正,从而区域间创新驱动能力存在扩散效应,相邻地区创新驱动能力增强,也会带动本地区创新能力提升。地理距离空间权重矩阵下,空间效应系数更大,空间相关性更强,与空间自相关性检验结果一致。

不同空间权重矩阵下,R&D 经费错配系数与 R&D 人员错配系数均在 1% 的显著性水平下显著为负,说明创新资源错配会显著抑制各地区创新驱动能力提升,且创新资本要素错配对创新驱动能力的抑制作用更强。控制变量中,金融发展水平系数在 1% 的显著性水平下显著为正,金融存贷款余额规模扩大,金融发展程度越高,越能为企业创新活动提供资金支持,减缓融资压力,推动区域创新驱动能力提升。相比资源错配与金融发展水平，城镇化率、政府支持程度对区域创新能力的影响虽为正，但系数更小，说明城镇化进程加深与政府对科技与创新的支持对区域创新驱动能力的促进作用较弱。

为进一步了解创新资源错配对创新驱动能力的影响，需要将影响效应分解为直接效应、间接效应和总效应。直接效应表示本地创新资源错配对本地创新驱动能力的影响；间接效应即空间溢出效应，表示邻近地区创新资源错配对本地区创新驱动能力的影响；总效应表示所有地区创新资源错配对本地区创新驱动能力的影响，即直接效应与间接效应之和（表7.11）。

表7.11显示，创新资源错配对本地区创新驱动能力影响均在1%显著性水平下显著为负，邻近地区创新资源错配的影响显著性较弱，所有地区创新资源错配对本地区创新驱动能力的抑制效应均通过1%的显著性检验。本地区创新资源错配会抑制本地区创新驱动能力提升，本地区创新资本资源错配减小1个单位，创新驱动能力增强约5个单位，相比创新资本要素，各地区R&D人员错配系数较小，其对区域创新能力的抑制效应更小，本地区R&D人员错配系数减小1个单位，创新驱动能力增强近3个单位。考虑其他地区创新资源错配的空间溢出效应，在地理距离权重矩阵下为负，在经济距离权重矩阵下为正，从而邻近地区R&D人员错配会抑制本地区创新驱动能力提升，而经济上联系更密切的地区R&D人员错配反而会促进本地区创新驱动能力发展。控制变量中，城镇化率进程加深，金融发展深化，对本地区和邻近地区创新驱动能力均有显著正向影响，政府支持程度加大虽对本地区及邻近地区创新驱动能力提升有正向促进作用，但并不显著。

表 7.11　单一创新资源错配效应分解结果

效应分解	变量	MISk			MISl		
		W1SD	W2SD	W3SD	W1SD	W2SD	W3SD
直接效应	MISK	-5.932*** (0.618)	-5.689*** (0.621)	-5.213*** (0.631)	-	-	-
	MISL	-	-	-	-2.831*** (0.388)	-2.696*** (0.384)	-2.667*** (0.387)
	URB	0.243*** (0.079)	0.175** (0.083)	0.303*** (0.084)	0.300*** (0.081)	0.241*** (0.086)	0.324*** (0.083)
	FIN	6.963*** (1.002)	5.850*** (0.999)	6.073*** (1.042)	6.398*** (1.043)	5.250*** (1.081)	5.028*** (1.115)
	GOV	0.141 (0.229)	0.303 (0.234)	0.514** (0.235)	0.493** (0.229)	0.761*** (0.230)	0.859*** (0.236)
间接效应	MISK	-1.725* (0.948)	0.219 (1.360)	0.693 (1.991)	-	-	-
	MISL	-	-	-	-0.791 (0.637)	-0.738 (0.779)	0.812 (0.769)

续表 7.11

效应分解	变量	MISk			MISl		
		W1SD	W2SD	W3SD	W1SD	W2SD	W3SD
间接效应	URB	0.792^{***}	0.599^{***}	0.494^{***}	0.776^{***}	0.644^{***}	0.436^{***}
		(0.123)	(0.131)	(0.138)	(0.128)	(0.128)	(0.137)
	FIN	3.514^{**}	8.827^{***}	7.638^{***}	2.999^{*}	7.569^{***}	8.936^{***}
		(1.451)	(1.661)	(1.838)	(1.573)	(1.614)	(1.828)
	GOV	0.340	0.023	−0.136	0.066	−0.347	−0.309
		(0.335)	(0.356)	(0.381)	(0.348)	(0.344)	(0.383)
总效应	MISK	-7.657^{***}	-5.471^{***}	-4.519^{**}	—	—	—
		(1.180)	(1.583)	(2.214)			
	MISL	–	–	–	-3.622^{***}	-3.434^{***}	-1.854^{**}
					(0.742)	(0.835)	(0.881)
	URB	1.035^{***}	0.775^{***}	0.797^{***}	1.076^{***}	0.885^{***}	0.760^{***}
		(0.119)	(0.122)	(0.133)	(0.127)	(0.117)	(0.131)
	FIN	10.477^{***}	14.678^{***}	13.711^{***}	9.397^{***}	12.819^{***}	13.965^{***}
		(1.498)	(1.663)	(1.831)	(1.633)	(1.533)	(1.726)
	GOV	0.481	0.326	0.377	0.560^{*}	0.414	0.550
		(0.330)	(0.328)	(0.333)	(0.346)	(0.327)	(0.354)

注:括号内为标准误，*、**、***分别表示估计系数在 10%、5%、1% 的显著性水平下显著。

2. 创新资源综合配置效率对区域创新驱动能力的影响

考察资源综合配置状况是否促进区域创新能力提升，设定模型见式(7.18)。

$$IDC_{it} = \rho W \times IDC_{it} + \zeta_1 TFPCH_{it} + \zeta_2 URB_{it} + \zeta_3 FIN_{it} + \zeta_4 GOV_{it} + \xi_1 W \times TFPCH_{it} + \xi_2 W \times URB_{it} + \xi_3 W \times FIN_{it} + \xi_4 W \times GOV_{it} + \eta_i + \varepsilon_{it} \quad (7.18)$$

以创新资源综合配置效率指数(TFP_{RD})表示规模以上企业创新资源整体配置状况，SDM 估计结果见表 7.12。除地理距离权重矩阵，空间效应系数均通过 5% 的显著性检验，区域创新驱动能力存在正向空间溢出效应，创新驱动能力强的地区对邻近地区创新驱动能力有带头作用。

表 7.12 创新资源综合配置效率回归结果

变量	W1SD	W2SD	W3SD
$TFPCH_{RD}$	4.095** (1.896)	4.630** (1.899)	4.613** (1.916)
URB	0.319*** (0.087)	0.292*** (0.093)	0.410*** (0.088)
FIN	8.228*** (1.080)	7.049*** (1.130)	6.691*** (1.170)
GOV	0.505 (0.261)	0.742*** (0.259)	0.779*** (0.267)
$W \times TFPCH_{RD}$	−2.656 (2.749)	0.864 (3.823)	−0.569 (3.776)
W × URB	0.406*** (0.128)	0.436*** (0.138)	0.093 (0.136)
W × FIN	2.941* (1.662)	6.671*** (1.808)	7.087*** (1.940)

续表 7.12

变量	W1SD	W2SD	W3SD
W × GOV	-0.334 (0.343)	-0.896*** (0.348)	-0.394 (0.367)
ρ	0.154*** (0.057)	0.069 (0.066)	0.146** (0.069)
R^2	0.650	0.654	0.654
Log - L	-1999.365	-1998.330	-1998.539

注:括号内为标准误，*、**、***分别表示估计系数在10%、5%、1%的显著性水平下显著。

表7.12显示,创新资源综合配置效率变动对区域创新驱动能力的影响在5%的显著性水平下显著为正,从而优化创新资源在地区间的配置,创新活动效率增强会驱动区域产业结构转型升级,为经济增长提供动力。控制变量中,金融发展对创新驱动能力的正向推动作用强于城镇化和政府支持的政策干预效应。

计算各分解效应见表7.13。

表7.13　创新资源综合配置效率效应分解结果

效应分解	变量	W1SD	W2SD	W3SD
直接效应	$TFPCH_{RD}$	4.085** (1.961)	4.713** (1.951)	4.687** (1.969)
	URB	0.333*** (0.082)	0.294*** (0.089)	0.410*** (0.084)
	FIN	8.490*** (1.029)	7.238*** (1.065)	7.015*** (1.098)
	GOV	0.498** (0.248)	0.734*** (0.249)	0.772*** (0.254)

续表 7.13

效应分解	变量	W1SD	W2SD	W3SD
间接效应	$TFPCH_{RD}$	-2.330 (3.003)	1.255 (3.867)	0.159 (4.068)
	URB	0.527*** (0.135)	0.493*** (0.137)	0.182 (0.140)
	FIN	4.779*** (1.596)	7.558*** (1.736)	9.154*** (1.767)
	GOV	-0.318 (0.373)	-0.912** (0.366)	-0.339 (0.407)
总效应	$TFPCH_{RD}$	1.755 (3.737)	5.968 (4.251)	4.846 (4.511)
	URB	0.860*** (0.132)	0.787*** (0.125)	0.592*** (0.130)
	FIN	13.269*** (1.762)	14.796*** (1.707)	16.169*** (1.702)
	GOV	0.180 (0.344)	-0.178 (0.320)	0.433 (0.356)

注:括号内为标准误，*、**、***分别表示估计系数在10%、5%、1%的显著性水平下显著。

进一步观察创新资源综合配置效率对创新驱动能力的边际影响。创新资源综合配置效率对区域创新驱动能力的直接效应均在5%的显著性水平下显著,表现为本地区创新资源综合配置效率提升1个单位,本地区创新驱动能力提升近5个单位。地理上邻近地区或经济联系紧密的地区创新资源综合配置效率变动虽然对本地区创新驱动能力有正向溢出效应,但这种效应较微弱且并未通过显著性检验。城镇化对区域创新驱动能力的各分解效应均显著,地区间相互影响也是区域创新驱动能力提升的重要作用。金融发展水平对区域创新驱动能力各分解效应均通过1%的显著性检验，存贷款规模扩大会极大激励本地区及邻近地区区域创新驱动能力提升。政府加大对科技教育支持力度会提升本地区创新驱动能力，而邻近地区政策干预会造成高素质人才、资金等创新资源流出，对本地区创新活动产生负向间接效应。

3. 稳健性检验

为了讨论基准回归结果的稳健性，本研究进行如下检验：其一，替换核心解释变量，以分解创新资源综合配置效率指数分解中的技术效率变化（$EFFCH_{RD}$）作为创新资源综合配置效率指数（TFP_{RD}）的替代变量，加入模型重新估计，见式（7.19）；其二，用规模以上企业数据，检验前文估计结果的稳健性，结果见表7.14。

$$IDC_{it} = \rho W \times IDC_{it} + \varphi_1 EFFCH_{RD\,it} + \varphi_2 URB_{it} + \varphi_3 FIN_{it} + \varphi_4 GOV_{it} + \tau_1 W \times EFFCH_{RD\,it} + \tau_2 W \times URB_{it} + \tau_3 W \times FIN_{it} + \tau_4 W \times GOV_{it} + \eta_i + \varepsilon_{it} \quad (7.19)$$

表7.14　技术效率变化（EFF_{RD}）回归结果

变量	W1SD	W2SD	W3SD
$EFFCH_{RD}$	5.324*** (1.554)	5.611*** (1.558)	4.799*** (1.573)
ρ	0.121** (0.058)	0.009 (0.068)	0.120* (0.071)
直接效应	5.510*** (1.596)	5.677*** (1.593)	4.939*** (1.612)
间接效应	4.875* (2.660)	7.446*** (2.899)	4.254 (3.496)
总效应	10.385*** (3.189)	13.123*** (3.174)	9.193** (3.782)

续表 7.14

变量	W1SD	W2SD	W3SD
R^2	0.658	0.663	0.658
Log－L	－1994.422	－1991.074	－1995.617
控制变量	控制	控制	控制

注:括号内为标准误，*、**、***分别表示估计系数在10%、5%、1%的显著性水平下显著。

不同权重矩阵下,空间效应系数 ρ 均为正且显著,技术效率变化($EFFCH_{RD}$)对区域创新驱动能力的正向激励效应均在1%显著性水平下显著,从而创新活动中资本、人员等资源配置优化会促进创新活动更加活跃,创新驱动能力更强。分解结果中,技术效率变化($EFFCH_{RD}$)对区域创新驱动能力的直接效应、空间溢出效应和总效应均显著为正,本地区创新要素配置优化会促进本地区创新产出驱动经济发展能力增强,区域间相互影响会扩大这一激励作用。控制变量与前文结果相似,此处不再赘述。

由于规模以上企业统计口径于2011年发生变化,为保证数据一致性,使用各地区2011—2019年面板数据,将R&D经费内部支出转换为以2011年为基期的存量数据,将名义地区生产总值转换为以2011年为基期的可比值,重新估计模型上述模型,结果见表7.15和表7.16。

所有空间相关系数均通过1%的显著性检验,R&D人员和R&D经费错配在1%的显著性水平下抑制区域创新驱动能力提升,创新资源综合配置效率提高在1%的显著性水平推动区域创新驱动能力提升,区域间空间溢出效应也通过5%的显著性检验,基准回归的结果得以验证。

表 7.15　规模以上企业单一创新资源错配回归结果

变量	W1SD	W2SD	W3SD	W1SD	W2SD	W3SD
MISK	-5.100*** (0.906)	-4.947*** (0.900)	-4.636*** (0.896)	–	–	–
MISL	–	–	–	-3.246*** (0.664)	-3.197*** (0.664)	-3.140*** (0.665)
ρ	0.293*** (0.056)	0.431*** (0.065)	0.481*** (0.059)	0.292*** (0.057)	0.402*** (0.066)	0.434*** (0.060)
直接效应	-5.189*** (0.956)	0.431*** (0.065)	-4.857*** (0.985)	-3.299*** (0.700)	-3.281*** (0.707)	-3.249*** (0.713)
间接效应	-2.037*** (0.673)	-3.654*** (1.256)	-4.150*** (1.393)	-1.292*** (0.456)	-2.090*** (0.744)	-2.309*** (0.759)
总效应	-7.226*** (1.475)	-8.765*** (2.046)	-9.007*** (2.235)	-4.591*** (1.062)	-5.371*** (1.327)	-5.557*** (1.365)
R^2	0.720	0.711	0.708	0.711	0.715	0.715
Log-L	-749.017	-750.425	-752.350	-752.499	-753.509	-754.268
控制变量	控制	控制	控制	控制	控制	控制

注:括号内为标准误，*、**、***分别表示估计系数在 10%、5%、1% 的显著性水平下显著。

表 7.16 规模以上企业创新资源综合配置效率回归结果

变量	W1SD	W2SD	W3SD	W1SD	W2SD	W3SD
$TFPCH_{RD}$	5.735*** (2.238)	6.094*** (2.234)	6.868*** (2.221)	–	–	–
$EFFCH_{RD}$	–	–	–	6.165*** (2.303)	6.774*** (2.286)	7.213*** (2.271)
ρ	0.282*** (0.058)	0.391*** (0.067)	0.438*** (0.061)	0.270*** (0.058)	0.380*** (0.068)	0.420*** (0.061)
直接效应	5.947** (2.352)	6.373*** (2.368)	7.254*** (2.385)	6.376*** (2.411)	7.062*** (2.414)	7.581*** (2.419)
间接效应	2.225** (1.121)	3.885** (1.846)	5.264** (2.206)	2.241** (1.074)	4.094** (1.806)	5.077** (2.009)
总效应	8.172** (3.336)	10.258*** (4.007)	12.517*** (4.389)	8.616*** (3.326)	11.155*** (3.972)	12.658*** (4.199)
R^2	0.694	0.695	0.694	0.694	0.693	0.692
Log – L	–760.637	–760.900	–760.255	–760.339	–760.246	–759.990
控制变量	控制	控制	控制	控制	控制	控制

注：括号内为标准误，*、**、***分别表示估计系数在10%、5%、1%的显著性水平下显著。

7.4　本章小结

本章旨在研究区域创新资源配置状况是否会对产业结构升级及经济增长产生影响以及如何影响,因此基于 2000—2019 年省际面板数据,利用链式多重中介效应模型进行研究,主要结论是:创新资源配置效率会显著促进经济增长,区域创新驱动能力在这一过程中起到了中介作用;技术创新资源配置效率不仅会通过创新驱动力提升和产业结构升级两个独立中介渠道影响经济发展,还通过“技术创新效率—创新驱动能力增强—产业结构升级—经济增长”链式中介渠道促进经济增长水平;三个中介渠道中,创新驱动能力最强,链式中介渠道次之,最后是产业结构;技术创新资源配置效率、创新驱动能力指数、产业结构高级化指数均表现出区域异质性。

在此基础上,进一步利用空间杜宾模型从单一资源错配系数和创新资源综合配置效率两个角度研究 2001—2019 年创新资源配置对区域创新驱动能力的影响,并将要素配置及其他控制变量对创新驱动能力的影响效应分解为直接效应、间接效应和总效应,以反映中介链条中存在的空间效应。研究结果显示:

(1)空间效应系数 ρ 在 5% 的显著性水平下显著为正,从而区域间创新驱动能力存在扩散效应,创新驱动能力强的地区也会带动相邻地区创新能力提升。

(2)创新资源存在地区间错配现象,不仅本地区创新资源错配会显著抑制区域创新驱动能力,邻近地区创新资源错配也会抑制本地区创新驱动能力,且 R&D 人员扭曲的抑制作用更强。

(3)创新资源综合配置效率对区域创新驱动能力的直接效应和总效应均显著,本地区创新资源配置效率提高,创新活动效率增强,会显著提升本地区创新驱动能力,邻近地区技术创新资源配置效率提高也会对本地区创新驱动能力产生空间溢出效应,且这种空间溢出效应在规模以上企业中更显著,从而规模以上企业在区域间相互影响也是区域创新驱动能力提升的重要作用。

第8章 创新资源配置的修正模拟

本章基于前文链式中介效应模型得出的结论,依据区域创新资源配置对区域创新驱动、产业结构、经济增长的作用路径,对创新资源错配进行修正模拟,讨论区域创新资源错配改善后对产业结构升级及区域经济增长所产生的潜在影响,进而探讨创新资源错配修正的路径和方向。

8.1 系统动力学方法概述

区域创新资源的综合配置依托在一定社会、经济、技术、文化和环境条件下,通过在企业、高校和科研机构、政府及服务机构等主体之间高效配置创新人力、物力、财力等资源,从而产生创新成果应用于社会经济生产。因此,有必要构建一个完整的系统模型,通过企业、高校、政府及服务机构等主体实现系统链条和路径,用于模拟创新资源综合配置。通过调试创新资源错配程度,讨论创新资源配置优化对区域产业结构升级和经济增长所能产生的积极影响。

8.1.1 基本特征

针对创新资源综合配置依托条件的复杂性和非线性特征,本书引入系统动力学(System Dynamics, SD)对其进行系统建模,以探讨创新资源配置的变化对系统所产生的结构性影响。系统动力学是由Forrester(1956)提出的,是从系统的微观结构出发建立系统的结构模型,用回路描述系统结构框架,用因果关系图和流图描述系统要素之间的逻辑关系,用方程描述系统要素之间的数量关系,进而用仿真软件进行模拟(王其藩,1988)。系统动力学认为,系统的基本结构单元是反馈回路,即耦合系统的状态、速率(或称决策)与信息的一条回路,回路是组成系统的基本结构单元。系统动力学的基本方法包括因果关系图、流图、方程和仿真平台。

本书所研究的区域创新资源配置的修正模拟之所以选择系统动力学模型进行研究,源于区域创新资源配置系统存在系统动力学特征:

(1)依据链式中介效应的研究结果,该系统中创新资源配置到创新驱动到产业结构到经济增长,各要素之间存在复杂相互依赖关系,且有明显的非线性关系存在。

(2)该系统结构以反馈环为基础,各要素间存在多重反馈,结构复杂。

(3)该系统在输入与输出往往存在延时性,且空间可分离。

(4)该系统具有较大惯性,适合通过一个或几个控制因素的变化对系统其他因素及整个系统的行为进行模拟研究。

8.1.2　建模步骤

系统动力学的传统建模方式基本过程大致可分为 5 步(蔡林,2008):

1. 系统综合分析

分析系统的基本问题与主要问题、基本矛盾与主要矛盾、变量与主要变量,初步确定内生变量、外生变量和输入变量,用图形表示出各主要变量及关系。

2. 系统结构分析

分析系统总体的与局部的反馈机制,划分系统的层次与子块,分析变量间关系,确定回路及回路间的反馈耦合关系。

3. 建立数学规范模型

建立 L、R、A、C、N 诸多模型。

4. 模型试运行调整

经过对系统的结构和功能、系统连界合理与否的再分析,对模型进行修改和调整,包括对结构与参数的修改与调整。

5. 模型检验与评估

包括模型的结构适应性、模型的行为适应性、模型结构与实际系统的一致性等检验与评估。

8.2 模型构建

结合第 7 章链式中介效应的结果,将“创新资源配置—创新驱动力—产业结构—经济增长”这一链条进行细分扩展,形成以高校、高技术产业、研发机构、工业企业、政府几大支撑的回路体系,以反映创新资源配置的变化对整体链条所产生的影响,进一步分析其对产业结构和经济增长所产生的影响。

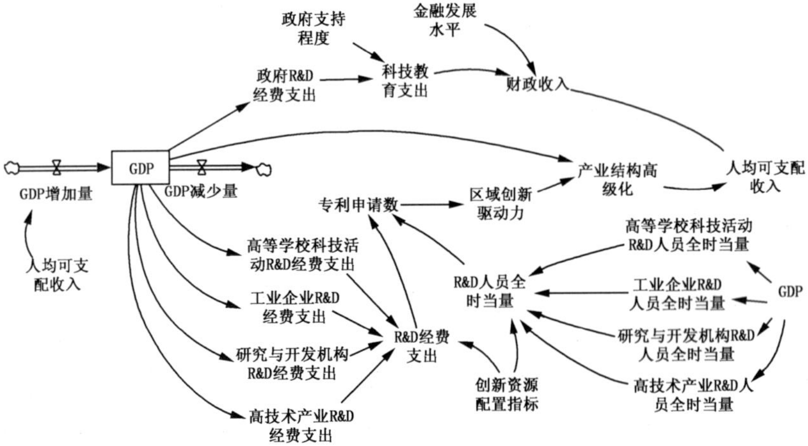

图 8.1　创新资源配置修正模拟回路图

关于高等学校的回路主要有：

回路 1：

GDP—高等学校科技活动 R&D 经费支出—R&D 经费总支出—专利申请数—区域创新能力—产业结构高级化—人均可支配收入—GDP 增加量—GDP

回路 2：

GDP—高等学校科技活动 R&D 人员全时当量—R&D 人员总全时当量—专利申请数—区域创新能力—产业结构高级化—人均可支配收入—GDP 增加量—GDP

关于高技术产业的回路主要有：

回路 3：

GDP—高技术产业 R&D 经费支出—R&D 经费总支出—专利申请数—区域创新能力—产业结构高级化—人均可支配收入—GDP 增加量—GDP

回路 4：

GDP—高技术产业 R&D 人员全时当量—R&D 人员总全时当量—专利申请数—区域创新能力—产业结构高级化—人均可支配收入—GDP 增加量—GDP

关于研究与开发机构的回路主要有：

回路 5：

GDP—研究与开发机构 R&D 经费支出—R&D 经费总支出—专利申请数—区域创新能力—产业结构高级化—人均可支配收入—GDP 增加量—GDP

回路 6：

GDP—研究与开发 R&D 人员全时当量—R&D 人员总全时当量出—专利申请数—区域创新能力—产业结构高级化—人均可支配收入—GDP 增加量—GDP

关于工业企业的回路主要有：

回路 7：

GDP—工业企业 R&D 经费支出—R&D 经费总支出—专利申请

数—区域创新能力—产业结构高级化—人均可支配收入—GDP 增加量—GDP

回路 8:

GDP—工业企业 R&D 人员全时当量—R&D 人员总全时当量—专利申请数—区域创新能力—产业结构高级化—人均可支配收入—GDP 增加量—GDP

关于政府的回路主要有:

回路 9:

GDP—政府 R&D 经费支出—科技教育支出—财政收入—人均可支配收入—GDP 增加量—GDP

基于上述模型,分别模拟不同区域创新资源配置指标的变化,分析区域间创新资源配置的修正对产业结构和经济增长所产生的不同影响。其共同的水平变量方程为

$$\text{GDP} = \text{GDP}(t_0) + \int(\text{GDP 增加量} - \text{GDP 减少量})\, d_t \quad (8.1)$$

其中,GDP(t_0)表示状态变量在t_0时刻的值,(GDP 增加量 - GDP 减少量)为状态变量变化的速率。创新资源配置系统的仿真模拟从模型平衡状态开始,初始条件即对水平变量赋初始值,该系统从 2001 年开始运行,所以水平变量 GDP 以起始年份 2001 年的值为初始值,即东部地区 GDP 为 5 292.04 亿元,中部地区 GDP 为 3 186.04 亿元,西部地区 GDP 为 1 582.62 亿元。

8.3 模型模拟

本节主要研究创新资源错配的修正模拟,以反映创新资源错配程度的错配系数为例研究对象进行数据模拟,通过模拟分析创新资源配置的优化对区域产业结构高级化与 GDP 增长的影响效应。

8.3.1　参数设定

创新资源错配指标设定为影响回路的外生变量,对其进行常数赋值,以各期平均数为其常数值,所以东部 R&D 经费错配系数赋常数值为 1.492 4,中部为 2.068 1,西部为 1.537 2;东部 R&D 人员错配系数常数值为 2.826 9,中部为 4.209 2,西部为 3.231 3。

8.3.2　模型的真实性检验

将系统模拟仿真值与真实值进行对比,通过它们之间的差异来确定模型是否有效,需要进行真实性检验。本研究对水平变量 GDP 进行检验的同时,还对一些重要变量进行检验。

表 8.1　东部 GDP 模拟真实性检验

年份	真实值	仿真值	误差率(%)	年份	真实值	仿真值	误差率(%)
2002	5 896.9	5 896.1	-0.01	2011	17 408.9	17 044.8	-2.09
2003	6 669.2	6 541.1	-1.92	2012	19 048.1	18 697.0	-1.84
2004	7 612.4	7 406.4	-2.71	2013	20 785.3	20 429.0	-1.71
2005	8 632.2	8 415.0	-2.52	2014	22 446.3	22 090.5	-1.59
2006	9 851.2	9 643.8	-2.11	2015	24 151.6	23 790.2	-1.50
2007	11 275.9	11 032.7	-2.16	2016	25 797.6	25 448.3	-1.35
2008	12 556.3	12 347.8	-1.66	2017	27 591.2	27 189.9	-1.45
2009	13 957.6	13 780.8	-1.27	2018	29 415.4	28 998.2	-1.42
2010	15 719.9	15 372.7	-2.21	2019	31 225.8	30 818.4	-1.30

表 8.2　中部 GDP 模拟真实性检验

年份	真实值	仿真值	误差率(%)	年份	真实值	仿真值	误差率(%)
2002	3 503.7	3 608.4	2.99	2011	10 560.7	9 977.6	-5.52
2003	3 888.9	4 074.4	4.77	2012	11 721.1	10 967.5	-6.43

续表 8.2

年份	真实值	仿真值	误差率(%)	年份	真实值	仿真值	误差率(%)
2004	4 400.3	4 601.1	4.56	2013	12 822.7	11 989.6	-6.5
2005	4 978.6	5 180.2	4.05	2014	13 892.3	13 042.3	-6.12
2006	5 650.0	5 817.9	2.97	2015	14 969.4	14 109.5	-5.74
2007	6 468.0	6 511.6	0.68	2016	16 117.2	15 183.7	-5.79
2008	7 299.0	7 248.1	-0.7	2017	17 295.7	16 290.3	-5.81
2009	8 206.3	8 109.7	-1.18	2018	18 516.3	17 446.5	-5.78
2010	9 346.4	9 023.1	-3.46	2019	19 734.4	18 631.1	-5.59

表 8.3　西部 GDP 模拟真实性检验

年份	真实值	仿真值	误差(%)	年份	真实值	仿真值	误差(%)
2002	1 739.1	1 739.1	0.00	2011	5 060.6	5 195.8	2.67
2003	1 929.4	1 929.1	-0.02	2012	5 709.3	5 828.3	2.08
2004	2 163.2	2 170.6	0.34	2013	6 341.3	6 460.3	1.88
2005	2 414.3	2 457.3	1.78	2014	6 929.8	7 061.6	1.90
2006	2 713.4	2 758.8	1.67	2015	7 535.7	7 659.6	1.64
2007	3 086.1	3 087.1	0.03	2016	8 175.5	8 279.3	1.27
2008	3 440.9	3 491.2	1.46	2017	8 848.9	8 928.4	0.90
2009	3 881.0	3 996.9	2.99	2018	9 524.9	9 602.3	0.81
2010	4 426.7	4 573.7	3.32	2019	10 193.9	10 278.1	0.83

表 8.1 至表 8.3 显示,GDP 仿真的最大误差率东部为 -2.71%,中部为 -6.5%,西部为 3.32%,均控制在 10% 之内,拟合效果通过了检验,可信度较高。

8.3.3　模拟修正

将东部 R&D 人员错配系数作为影响因子,分别将其减少 10% 和

30% 或增加 10% 和 30% ,观察 GDP 和产业结构高级化值的动态变化,如图 8.2 所示。

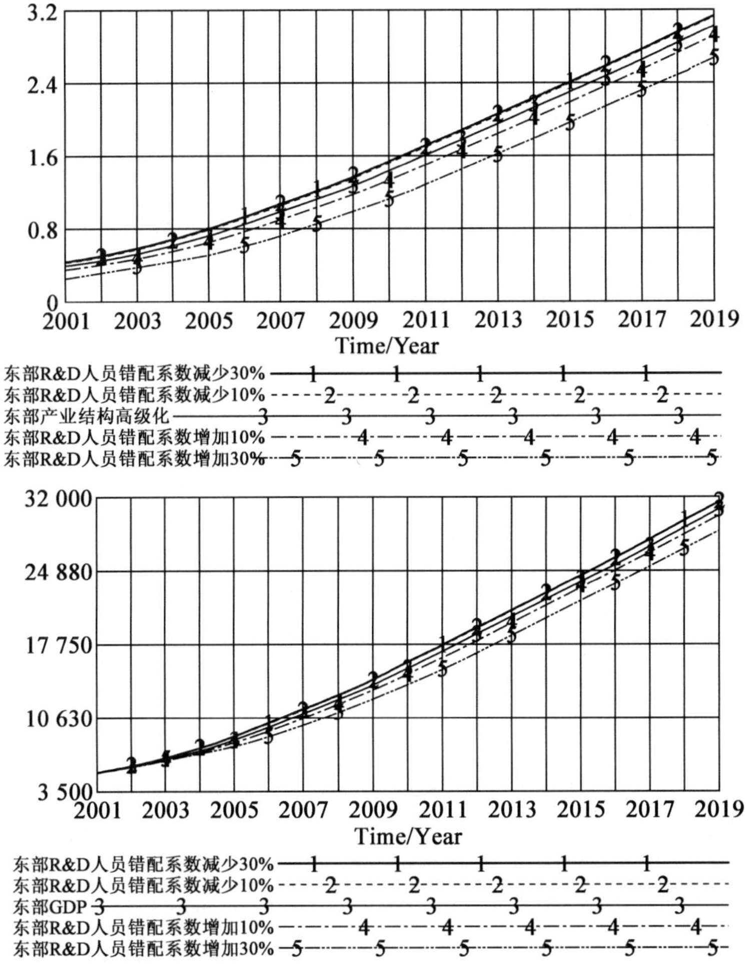

图 8.2　东部地区 R&D 人员错配系数变化对产业结构高级化指数和 GDP 的影响模拟

由图 8.2 可以看出,东部 R&D 人员错配系数减少 30% 时东部产业结构高级化指数和 GDP 曲线位于最上方，随着错配系数修正力度减弱，曲线下移，最下方是错配系数增加 30% 的情景，其具体数值变化见表 8.4 和表 8.5。

表 8.4 东部地区 R&D 人员错配系数变化对产业结构高级化指数影响的情景模拟

年份	减少 30%	减少 10%	原始值	增加 10%	增加 30%
2001	0.437 4	0.432 7	0.395 1	0.348 1	0.254 1
2002	0.499 7	0.495 0	0.457 4	0.410 4	0.316 3
2003	0.578 3	0.572 3	0.523 8	0.472 6	0.378 6
2004	0.677 5	0.670 9	0.613 0	0.548 9	0.440 8
2005	0.792 8	0.784 9	0.716 9	0.647 1	0.513 3
2006	0.933 7	0.924 3	0.843 5	0.760 0	0.609 2
2007	1.067 8	1.059 4	0.986 7	0.898 3	0.718 4
2008	1.209 2	1.200 2	1.122 2	1.034 1	0.852 4
2009	1.365 5	1.355 6	1.269 8	1.174 5	0.990 8
2010	1.539 0	1.528 1	1.433 9	1.329 1	1.129 4
2011	1.709 1	1.698 4	1.606 2	1.500 9	1.281 5
2012	1.883 8	1.872 7	1.776 4	1.671 4	1.450 4
2013	2.058 7	2.048 1	1.954 9	1.845 3	1.621 6
2014	2.232 1	2.221 2	2.126 1	2.021 0	1.794 1
2015	2.405 4	2.394 9	2.301 2	2.194 0	1.971 2
2016	2.579 2	2.567 9	2.472 1	2.367 9	2.143 6
2017	2.764 3	2.752 9	2.651 5	2.540 4	2.318 4
2018	2.952 1	2.940 6	2.837 9	2.725 3	2.488 8
2019	3.139 0	3.127 6	3.025 4	2.912 8	2.672 0

表 8.5　东部地区 R&D 人员错配系数变化对 GDP 影响的情景模拟

年份	减少 30%	减少 10%	原始值	增加 10%	增加 30%
2001	5 292.04	5 292.04	5 292.04	5 292.04	5 292.04
2002	5 958.31	5 936.02	5 896.14	5 862.05	5 860.74
2003	6 659.51	6 646.36	6 541.14	6 500.24	6 500.24
2004	7 621.77	7 603.43	7 406.43	7 240.12	7 104.34
2005	8 740.44	8 709.69	8 415.00	8 193.12	7 807.58
2006	10 108.00	10 063.00	9 643.83	9 289.63	8 737.98
2007	11 409.10	11 373.10	11 032.70	10 631.70	9 798.02
2008	12 782.20	12 740.20	12 347.80	11 948.90	11 098.30
2009	14 298.30	14 247.90	13 780.80	13 311.40	12 441.90
2010	15 982.60	15 922.70	15 372.70	14 812.30	13 786.90
2011	17 632.80	17 575.10	17 044.80	16 479.70	15 262.80
2012	19 328.70	19 266.50	18 697.00	18 133.90	16 902.20
2013	21 025.80	20 968.20	20 429.00	19 821.70	18 563.00
2014	22 708.30	22 648.60	22 090.50	21 527.10	20 237.70
2015	24 390.80	24 334.10	23 790.20	23 205.70	21 956.60
2016	26 076.90	26 013.30	25 448.30	24 893.70	23 629.00
2017	27 874.00	27 809.00	27 189.90	26 567.50	25 325.80
2018	29 696.30	29 629.90	28 998.20	28 362.00	26 979.40
2019	31 510.30	31 444.60	30 818.40	30 181.90	28 756.80

表 8.4、表 8.5 显示,R&D 人员错配系数的增加能抑制产业结构升级和 GDP 增长。随着错配的程度增加,产业结构高级化指数和 GDP 仿真值下降的幅度远大于错配程度以相同比例下降时所带来的二者上升的幅度,说明 R&D 人员错配程度越大,对经济的负面影响越显著。

同样对东部地区 R&D 经费错配系数分别减少 30% 和 10% ,增加 10% 和 30%，观察其对东部产业结构高级化指数和 GDP 的影响。

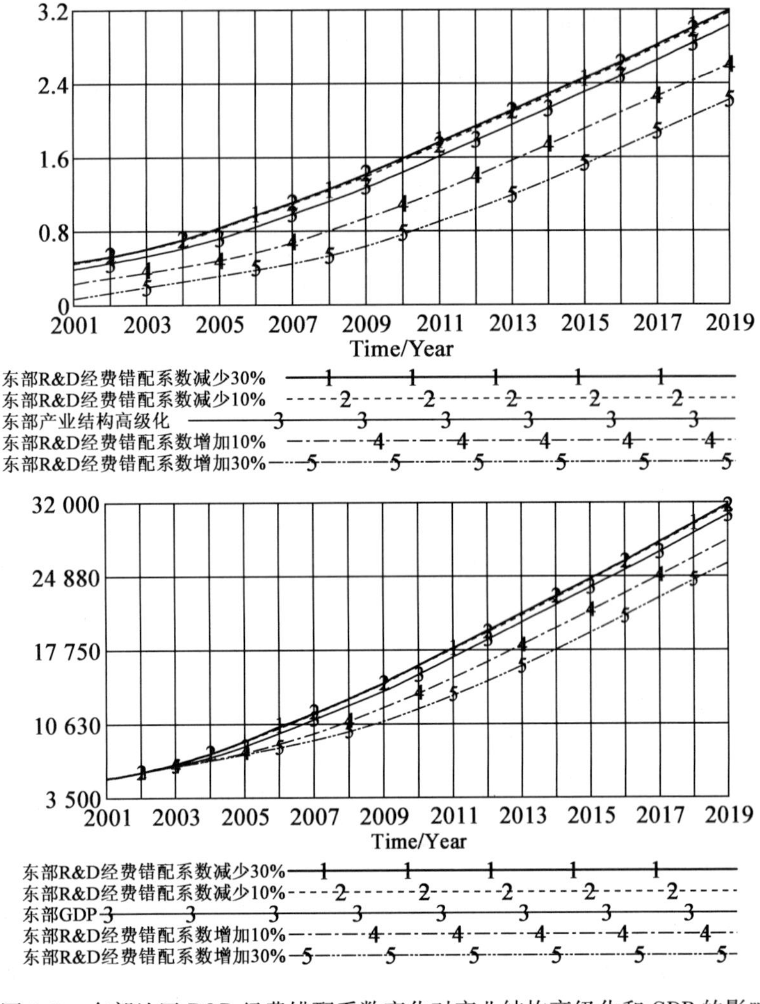

图 8.3　东部地区 R&D 经费错配系数变化对产业结构高级化和 GDP 的影响模拟

图 8.3 显示，将 R&D 经费错配系数分别减少 30% 和 10%，以及增加 10% 和 30%，东部 GDP 和产业结构高级化的曲线逐渐下移，它

们的值将会变小。相比 R&D 人员错配系数修正而言,R&D 经费错配系数的修正对东部 GDP 和产业结构高级化的影响更加有效。产业结构高级化的变化比 GDP 的变化更加明显。详细数据见表 8.6 和表 8.7。

表 8.6　东部地区 R&D 经费错配系数变化对产业结构高级化影响的情景模拟

年份	减少 30%	减少 10%	原始值	增加 10%	增加 30%
2001	0.566 2	0.564 9	0.557 5	0.492 5	0.399 7
2002	0.645 5	0.644 1	0.635 9	0.564 2	0.468 2
2003	0.731 6	0.730 1	0.721 4	0.645 3	0.539 3
2004	0.829 2	0.827 5	0.817 7	0.732 5	0.619 8
2005	0.934 0	0.932 3	0.921 9	0.831 5	0.706 6
2006	1.050 8	1.048 7	1.036 2	0.937 7	0.805 2
2007	1.185 6	1.183 3	1.169 5	1.059 3	0.910 9
2008	1.331 1	1.328 7	1.314 0	1.196 8	1.030 8
2009	1.488 7	1.486 1	1.470 3	1.344 3	1.167 3
2010	1.657 8	1.655 1	1.638 8	1.504 1	1.314 1
2011	1.831 4	1.828 7	1.812 0	1.674 1	1.473 1
2012	2.017 4	2.014 6	1.997 8	1.849 3	1.642 7
2013	2.205 9	2.203 0	2.185 9	2.035 7	1.816 9
2014	2.398 3	2.395 5	2.378 0	2.224 9	2.003 2
2015	2.592 7	2.589 8	2.572 2	2.417 7	2.192 1
2016	2.795 2	2.792 2	2.773 8	2.612 5	2.384 8
2017	2.997 1	2.994 2	2.976 6	2.816 7	2.579 4
2018	3.196 2	3.193 3	3.175 5	3.016 9	2.783 0
2019	3.395 8	3.392 9	3.375 1	3.216 1	2.983 8

表 8.7 东部地区 R&D 经费错配系数变化对 GDP 影响的情景模拟

年份	减少 30%	减少 10%	原始值	增加 10%	增加 30%
2001	5 292.04	5 292.04	5 292.04	5 292.04	5 292.04
2002	5 991.52	5 990.39	5 983.63	5 924.43	5 896.14
2003	6 750.04	6 748.17	6 736.99	6 639.11	6 523.39
2004	7 610.41	7 606.95	7 586.21	7 408.06	7 233.11
2005	8 534.51	8 530.18	8 504.21	8 280.51	7 998.32
2006	9 564.56	9 557.01	9 511.75	9 216.20	8 866.94
2007	10 752.40	10 743.00	10 687.00	10 289.00	9 798.51
2008	12 035.20	12 024.60	11 961.20	11 500.50	10 856.10
2009	13 424.40	13 412.20	13 338.90	12 800.90	12 059.20
2010	14 915.00	14 902.20	14 824.00	14 209.90	13 352.80
2011	16 445.70	16 432.40	16 350.60	15 707.90	14 754.80
2012	18 085.40	18 071.80	17 988.40	17 252.60	16 250.20
2013	19 746.70	19 732.60	19 646.50	18 896.00	17 785.80
2014	21 443.10	21 428.80	21 340.30	20 563.80	19 427.80
2015	23 157.00	23 142.40	23 052.40	22 263.30	21 093.20
2016	24 941.80	24 926.10	24 829.30	23 980.40	22 791.60
2017	26 721.60	26 707.10	26 616.90	25 780.40	24 507.50
2018	28 476.40	28 461.70	28 370.80	27 545.50	26 301.90
2019	30 236.20	30 221.40	30 130.60	29 301.80	28 072.40

表 8.6、表 8.7 显示，R&D 经费错配系数的增加能使东部产业结构高级化指数和 GDP 减小，R&D 经费错配系数增加程度越高，东部产业结构高级化指数和 GDP 减幅越大，它们之间呈现负的相关关系。

按相同的变化模式对中、西部地区分别进行模拟，结果如下：

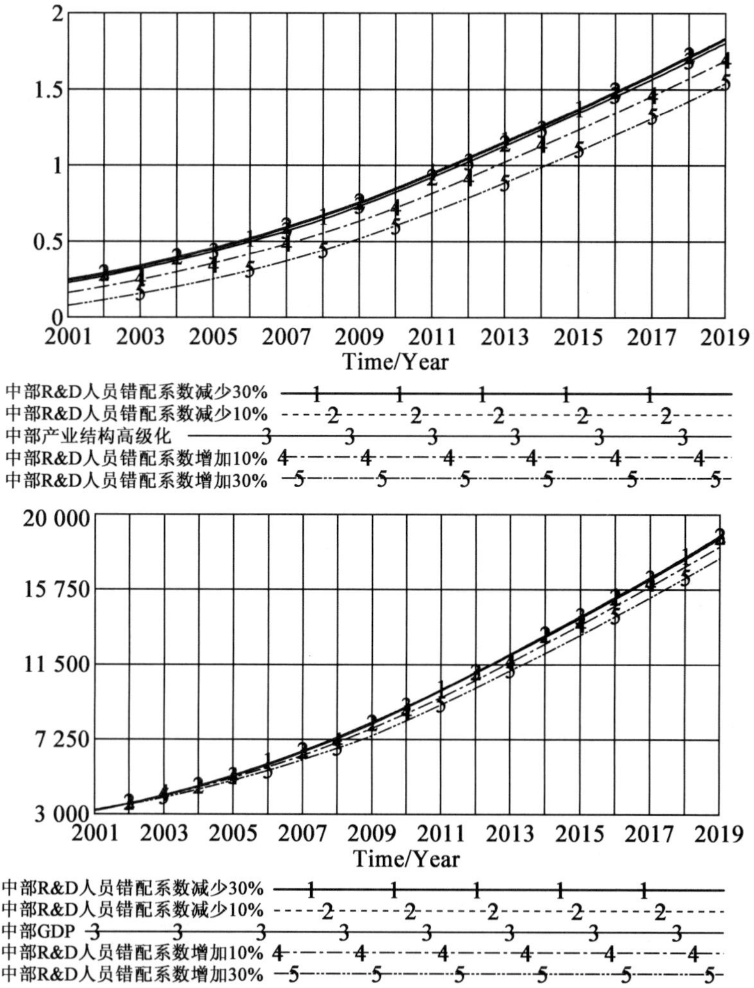

图 8.4　中部地区 R&D 人员错配系数变化对产业结构高级化和 GDP 的影响模拟

由图 8.4 可以看出，中部 R&D 人员错配系数减少 30% 时东部产业结构高级化指数和 GDP 曲线位于最上方，随着错配系数修正力度减弱，曲线下移，最下方是错配系数增加 30% 的情景，其具体数值变化见表 8.8 和表 8.9。

表 8.8　中部地区 R&D 人员错配系数变化对产业结构高级化影响的情景模拟

年份	减少 30%	减少 10%	原始值	增加 10%	增加 30%
2001	0.240 9	0.239 3	0.225 8	0.158 4	0.074 2
2002	0.284 6	0.282 9	0.268 9	0.199 3	0.111 8
2003	0.333 0	0.331 2	0.316 5	0.244 0	0.153 3
2004	0.387 5	0.385 6	0.370 3	0.294 0	0.198 8
2005	0.447 4	0.445 4	0.429 5	0.349 9	0.250 0
2006	0.513 3	0.511 3	0.494 6	0.411 3	0.306 8
2007	0.584 8	0.582 6	0.565 5	0.479 0	0.369 4
2008	0.661 2	0.658 8	0.640 7	0.551 6	0.438 3
2009	0.749 9	0.747 4	0.728 8	0.632 9	0.511 7
2010	0.843 9	0.841 3	0.822 1	0.723 1	0.596 6
2011	0.941 9	0.939 2	0.919 6	0.818 2	0.687 8
2012	1.043 4	1.040 7	1.020 7	0.917 4	0.783 7
2013	1.148 2	1.145 5	1.125 1	1.019 9	0.883 6
2014	1.256 0	1.253 3	1.232 6	1.125 6	0.986 7
2015	1.365 2	1.362 5	1.341 7	1.233 8	1.093 0
2016	1.475 0	1.472 3	1.451 4	1.343 2	1.201 5
2017	1.588 9	1.586 0	1.564 4	1.453 1	1.311 0
2018	1.707 3	1.704 4	1.682 6	1.568 6	1.421 7
2019	1.828 7	1.825 8	1.803 6	1.687 9	1.538 5

表 8.9　中部地区 R&D 人员错配系数变化对 GDP 影响的情景模拟

年份	减少 30%	减少 10%	原始值	增加 10%	增加 30%
2001	3 186.04	3 186.04	3 186.04	3 186.04	3 186.04
2002	3 613.48	3 612.92	3 608.42	3 585.92	3 553.58
2003	4 087.06	4 085.65	4 074.41	4 023.88	3 960.34
2004	4 620.45	4 618.31	4 601.10	4 513.21	4 405.83
2005	5 206.79	5 203.86	5 180.24	5 060.18	4 906.44
2006	5 852.56	5 848.72	5 817.85	5 661.44	5 463.12
2007	6 551.74	6 547.31	6 511.63	6 324.13	6 075.25
2008	7 300.00	7 292.98	7 248.08	7 034.52	6 750.07
2009	8 167.95	8 160.15	8 109.72	7 831.16	7 468.49
2010	9 088.00	9 079.38	9 023.09	8 713.62	8 299.84
2011	10 047.60	10 038.30	9 977.59	9 644.80	9 192.70
2012	11 041.50	11 031.70	10 967.50	10 615.80	10 131.70
2013	12 067.40	12 057.20	11 989.60	11 618.90	11 109.20
2014	13 123.00	13 112.60	13 042.30	12 653.50	12 118.80
2015	14 191.80	14 181.20	14 109.50	13 712.80	13 159.50
2016	15 266.80	15 256.10	15 183.70	14 783.60	14 221.50
2017	16 380.90	16 369.30	16 290.30	15 860.20	15 293.50
2018	17 540.50	17 528.40	17 446.50	16 991.00	16 377.00
2019	18 729.20	18 716.60	18 631.10	18 158.10	17 519.90

表 8.8、表 8.9 显示，R&D 人员错配系数的增加能抑制产业结构的增长，R&D 人员错配系数增加程度越高，产业结构高级化指数和 GDP 减小程度越大，且效应高于东部地区。

中部地区 R&D 经费错配系数变化所产生的影响如图 8.5 所示。

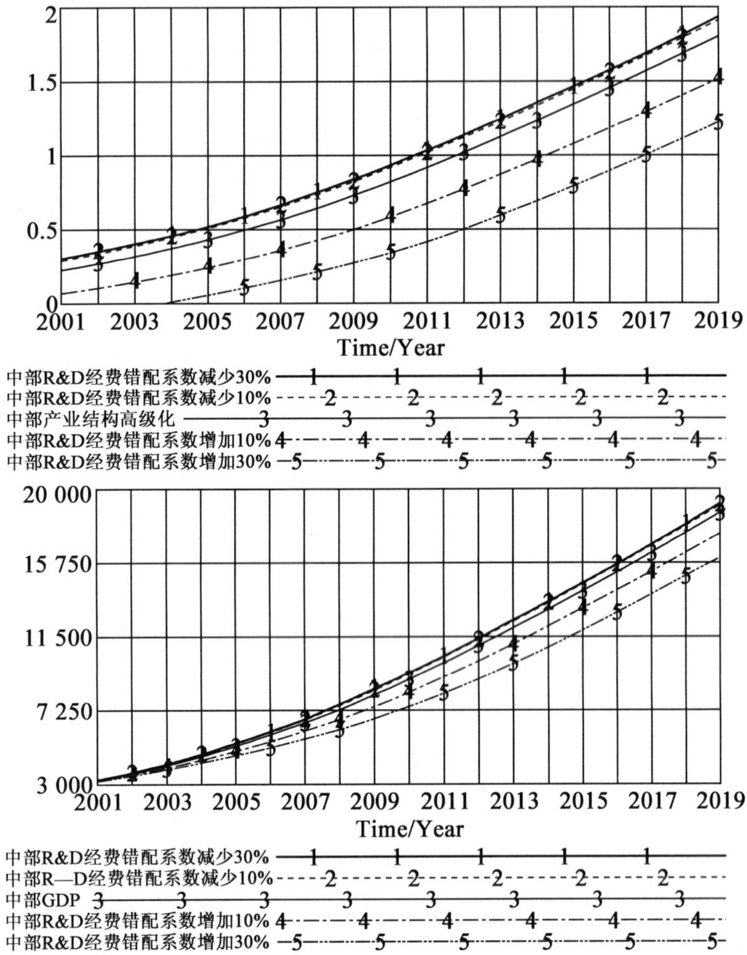

图 8.5　中部地区 R&D 经费错配系数变化对产业结构高级化和 GDP 的影响模拟

与东部地区相似，图 8.5 显示，将 R&D 经费错配系数分别减少 30% 和 10%，以及增加 10% 和 30%，东部 GDP 和产业结构高级化的曲线逐渐下移，它们的值将会变小。相比 R&D 人员错配系数修正而言，R&D 经费错配系数的修正对东部 GDP 和产业结构高级化的影响更加有效。产业结构高级化的变化比 GDP 的变化更加明显。详细数据见表 8.10 和表 8.11。

表 8.10　中部地区 R&D 经费错配系数变化对产业结构高级化影响的情景模拟

年份	减少 30%	减少 10%	原始值	增加 10%	增加 30%
2001	0.300 6	0.290 0	0.225 8	0.065 4	-0.095 0
2002	0.346 3	0.335 3	0.268 9	0.102 5	-0.062 6
2003	0.397 8	0.386 2	0.316 5	0.143 8	-0.028 4
2004	0.454 9	0.442 8	0.370 3	0.188 9	0.009 9
2005	0.517 7	0.505 1	0.429 5	0.239 5	0.052 1
2006	0.587 0	0.573 8	0.494 6	0.295 9	0.098 3
2007	0.660 5	0.647 0	0.565 5	0.357 9	0.150 5
2008	0.746 4	0.731 1	0.640 7	0.426 2	0.208 2
2009	0.837 8	0.822 1	0.728 8	0.499 2	0.271 8
2010	0.934 0	0.917 8	0.822 1	0.582 4	0.341 6
2011	1.034 0	1.017 5	0.919 6	0.673 1	0.415 7
2012	1.137 3	1.120 5	1.020 7	0.768 7	0.502 6
2013	1.243 8	1.226 7	1.125 1	0.868 2	0.594 7
2014	1.352 3	1.335 1	1.232 6	0.971 0	0.691 3
2015	1.461 9	1.444 6	1.341 7	1.077 0	0.791 7
2016	1.572 8	1.555 0	1.451 4	1.185 4	0.895 4
2017	1.689 9	1.671 5	1.564 4	1.294 8	1.002 2
2018	1.809 8	1.791 1	1.682 6	1.404 9	1.110 9
2019	1.933 1	1.914 1	1.803 6	1.521 1	1.220 5

表 8.11　中部地区 R&D 经费错配系数变化对 GDP 数影响的情景模拟

年份	减少 30%	减少 10%	原始值	增加 10%	增加 30%
2001	3 186.04	3 186.04	3 186.04	3 186.04	3 186.04
2002	3 633.42	3 629.85	3 608.42	3 549.89	3 503.78
2003	4 136.86	4 127.94	4 074.41	3 953.35	3 838.47
2004	4 695.98	4 682.45	4 601.10	4 395.22	4 213.02
2005	5 310.88	5 292.13	5 180.24	4 890.41	4 626.05
2006	5 988.76	5 964.24	5 817.85	5 442.42	5 078.40
2007	6 709.20	6 680.86	6 511.63	6 049.26	5 589.30
2008	7 549.27	7 504.45	7 248.08	6 718.25	6 154.84
2009	8 444.75	8 395.00	8 109.72	7 432.81	6 777.02
2010	9 385.76	9 332.27	9 023.09	8 247.46	7 460.59
2011	10 364.80	10 308.30	9 977.59	9 135.32	8 186.21
2012	11 376.10	11 316.50	10 967.50	10 070.60	9 036.61
2013	12 418.30	12 355.80	11 989.60	11 045.00	9 938.07
2014	13 480.90	13 417.20	13 042.30	12 051.50	10 883.60
2015	14 553.20	14 488.90	14 109.50	13 089.20	11 866.20
2016	15 639.70	15 569.80	15 183.70	14 149.90	12 881.30
2017	16 785.70	16 709.90	16 290.30	15 221.40	13 927.00
2018	17 959.80	17 881.30	17 446.50	16 299.20	14 991.20
2019	19 166.30	19 084.60	18 631.10	17 436.10	16 064.10

表 8.10、表 8.11 显示，中部地区 R&D 经费错配系数的增加同样能抑制产业结构的增长，与东部地区的结论一致，R&D 经费错配系数增加程度越高，产业结构高级化指数和 GDP 减小程度越大，它们之间呈现负的相关关系。

西部地区同样变化的模拟结果如图 8.6 所示。

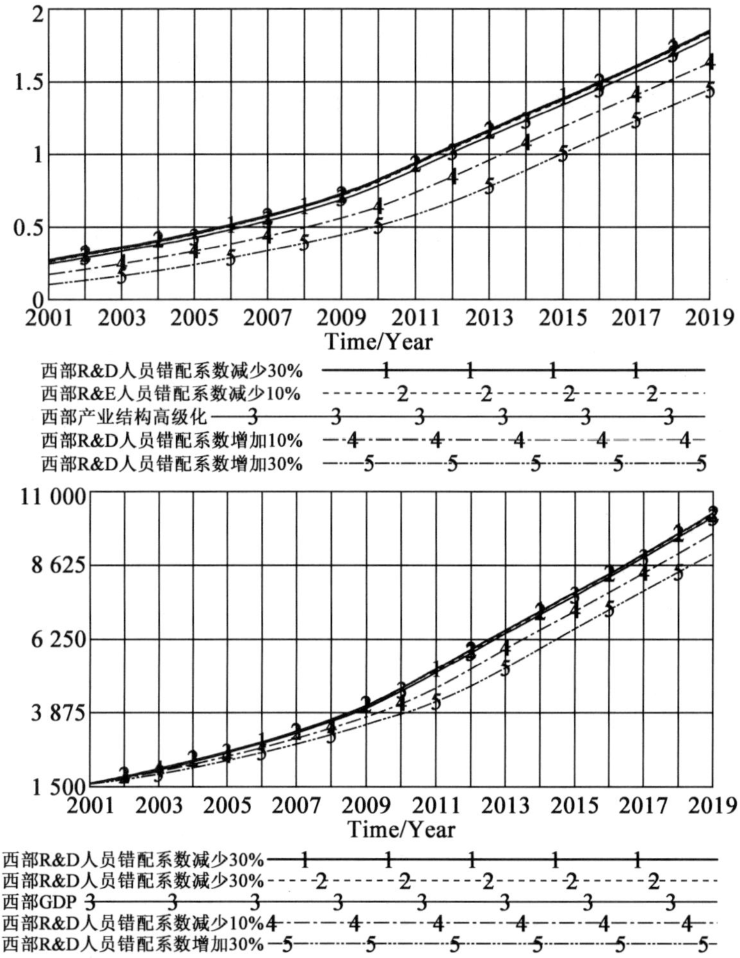

图 8.6　西部地区 R&D 人员错配系数变化对产业结构高级化指数和 GDP 的影响模拟

由图 8.6 可以看出,西部 R&D 人员错配系数减少 30% 时东部产业结构高级化指数和 GDP 曲线位于最上方,随着错配系数修正力度减弱,曲线下移,最下方是错配系数增加 30% 的情景,其具体数值变化见表 8.12 和表 8.13。

表 8.12　西部地区 R&D 人员错配系数变化对产业结构高级化影响的情景模拟

年份	减少 30%	减少 10%	原始值	增加 10%	增加 30%
2001	0.081 0	0.076 0	0.060 1	0.036 2	-0.011 6
2002	0.109 4	0.104 4	0.088 5	0.064 6	0.016 8
2003	0.137 7	0.132 8	0.116 8	0.092 9	0.045 2
2004	0.171 1	0.165 7	0.148 2	0.122 0	0.073 5
2005	0.212 5	0.206 3	0.186 5	0.156 9	0.103 6
2006	0.257 3	0.250 9	0.230 4	0.199 5	0.139 9
2007	0.305 0	0.298 3	0.277 0	0.245 0	0.183 0
2008	0.355 8	0.348 8	0.326 6	0.293 3	0.229 0
2009	0.414 8	0.407 0	0.382 0	0.344 8	0.277 8
2010	0.475 2	0.467 4	0.442 5	0.405 3	0.330 8
2011	0.543 2	0.534 7	0.507 4	0.466 8	0.391 3
2012	0.620 6	0.611 3	0.581 4	0.536 8	0.454 2
2013	0.722 9	0.712 8	0.680 2	0.619 9	0.525 8
2014	0.835 6	0.825 3	0.790 9	0.724 9	0.615 4
2015	0.950 1	0.939 7	0.904 9	0.837 9	0.722 8
2016	1.064 7	1.054 3	1.019 5	0.952 6	0.836 2
2017	1.176 3	1.166 3	1.132 8	1.067 1	0.950 8
2018	1.283 2	1.273 0	1.240 6	1.177 5	1.065 4
2019	1.392 5	1.382 1	1.349 1	1.284 9	1.174 6

表 8.13　西部地区 R&D 人员错配系数变化对 GDP 影响的情景模拟

年份	减少 30%	减少 10%	原始值	增加 10%	增加 30%
2001	1 582.62	1 582.62	1 582.62	1 582.62	1 582.62
2002	1 742.45	1 740.32	1 739.11	1 729.85	1 723.75
2003	1 904.47	1 902.01	1 895.61	1 887.43	1 883.02

续表 8.13

年份	减少 30%	减少 10%	原始值	增加 10%	增加 30%
2004	2 079.75	2 077.12	2 068.71	2 056.09	2 052.10
2005	2 308.18	2 301.52	2 280.23	2 248.30	2 217.85
2006	2 555.46	2 547.49	2 522.01	2 483.78	2 418.12
2007	2 818.62	2 809.29	2 779.41	2 734.59	2 656.23
2008	3 098.64	3 087.84	3 053.29	3 001.45	2 909.79
2009	3 424.22	3 408.66	3 358.88	3 285.40	3 179.58
2010	3 757.85	3 742.29	3 692.51	3 619.03	3 471.88
2011	4 133.19	4 113.63	4 051.04	3 958.49	3 805.51
2012	4 560.28	4 536.16	4 458.99	4 344.76	4 152.83
2013	5 124.78	5 096.15	5 004.20	4 803.51	4 548.04
2014	5 746.32	5 716.97	5 615.24	5 382.66	5 042.45
2015	6 378.44	6 348.36	6 244.16	6 006.52	5 634.74
2016	7 010.61	6 980.56	6 876.46	6 639.01	6 260.69
2017	7 626.63	7 598.73	7 501.91	7 271.09	6 893.10
2018	8 216.44	8 187.62	8 096.42	7 880.22	7 525.11
2019	8 819.40	8 789.63	8 695.44	8 472.98	8 128.08

表 8.12、表 8.13 显示，西部地区 R&D 人员错配系数的增加能抑制产业结构的增长，R&D 人员错配系数增加程度越高，产业结构高级化指数和 GDP 减小程度越大，且效应高于东部、中部地区。

西部地区 R&D 经费错配系数变化所产生的影响如图 8.7 所示。

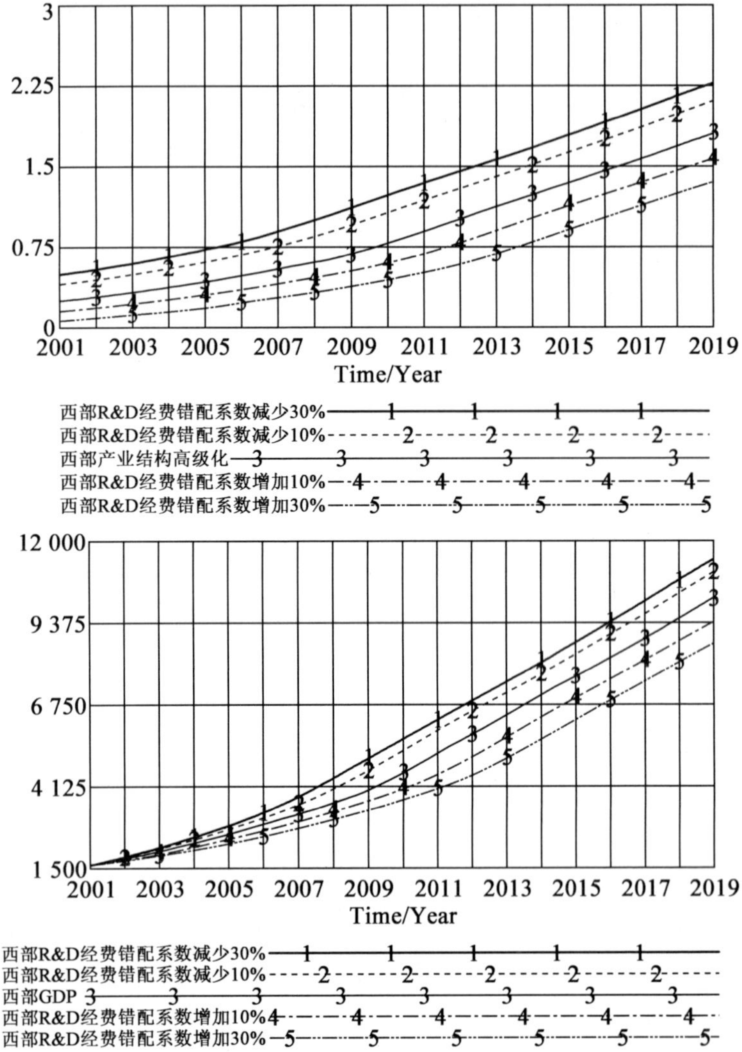

图 8.7　西部地区 R&D 经费错配系数变化对产业结构高级化指数和 GDP 的影响模拟

与东部、中部地区相似，图 8.7 显示，将 R&D 经费错配系数分别减少 30% 和 10%，以及增加 10% 和 30%，东部 GDP 和产业结构高级化的曲线逐渐下移，它们的值将会变小。相比 R&D 人员错配系数修正而言，R&D 经费错配系数的修正对东部 GDP 和产业结构高级化的影响更加有效。产业结构高级化的变化比 GDP 的变化更加明显。详细数据见表 8.14 和表 8.15。

表 8.14　西部地区 R&D 经费错配系数变化对产业结构高级化指数影响的情景模拟

年份	减少 30%	减少 10%	原始值	增加 10%	增加 30%
2001	0.493 0	0.400 3	0.245 6	0.152 9	0.060 1
2002	0.542 4	0.446 7	0.284 7	0.182 1	0.088 5
2003	0.596 9	0.496 1	0.328 8	0.217 1	0.116 8
2004	0.657 3	0.550 8	0.375 7	0.259 8	0.148 2
2005	0.721 5	0.611 2	0.425 6	0.305 3	0.186 5
2006	0.794 6	0.675 6	0.481 9	0.353 7	0.230 4
2007	0.890 0	0.748 9	0.542 3	0.405 3	0.277 0
2008	0.999 5	0.845 0	0.608 1	0.465 7	0.326 6
2009	1.113 2	0.954 7	0.682 8	0.527 4	0.382 0
2010	1.227 8	1.068 5	0.782 5	0.597 6	0.442 5
2011	1.341 8	1.183 1	0.894 2	0.681 4	0.507 4
2012	1.450 1	1.296 9	1.008 4	0.786 6	0.581 4
2013	1.558 4	1.405 1	1.122 9	0.899 7	0.680 2
2014	1.669 9	1.513 5	1.235 8	1.014 3	0.790 9
2015	1.786 2	1.625 1	1.343 2	1.128 8	0.904 9
2016	1.907 2	1.741 4	1.451 9	1.239 1	1.019 5
2017	2.029 6	1.862 6	1.564 3	1.346 6	1.132 8
2018	2.151 6	1.984 9	1.681 3	1.456 5	1.240 6
2019	2.272 9	2.107 0	1.803 3	1.571 1	1.349 1

表 8.15　西部地区 R&D 经费错配系数变化对 GDP 影响的情景模拟

年份	减少 30%	减少 10%	原始值	增加 10%	增加 30%
2001	1 582.62	1 582.62	1 582.62	1 582.62	1 582.62
2002	1 854.98	1 838.89	1 798.30	1 743.71	1 739.11
2003	2 155.63	2 111.56	2 041.43	1 936.85	1 895.61
2004	2 489.26	2 413.24	2 300.25	2 172.63	2 068.71
2005	2 843.63	2 746.87	2 575.64	2 423.76	2 280.23
2006	3 246.85	3 102.09	2 886.15	2 690.97	2 522.01
2007	3 773.18	3 506.29	3 219.78	2 975.27	2 779.41
2008	4 377.25	4 036.52	3 582.44	3 308.90	3 053.29
2009	5 005.07	4 642.03	3 995.11	3 649.19	3 358.88
2010	5 637.41	5 270.07	4 545.30	4 036.40	3 692.51
2011	6 266.13	5 902.40	5 161.60	4 498.90	4 051.04
2012	6 863.74	6 530.45	5 791.36	5 079.42	4 458.99
2013	7 461.43	7 127.42	6 423.63	5 703.50	5 004.20
2014	8 077.02	7 725.39	7 046.61	6 335.98	5 615.24
2015	8 718.42	8 341.50	7 638.77	6 968.06	6 244.16
2016	9 386.47	8 983.45	8 238.80	7 576.54	6 876.46
2017	10 061.50	9 652.06	8 858.88	8 169.58	7 501.91
2018	10 735.00	10 327.10	9 504.91	8 776.20	8 096.42
2019	11 404.00	11 000.60	10 177.80	9 408.28	8 695.44

表 8.14、表 8.15 显示，西部地区 R&D 经费错配系数的增加同样能抑制产业结构的增长，与东部、中部地区的结论一致，R&D 经费错配系数增加程度越高，产业结构高级化指数和 GDP 减小程度越大，它们之间呈现负的相关关系。

表 8.16　R&D 人员错配系数变化对产业结构高级化和 GDP 的变化对比

指标	区域	减少 30%	减少 10%	增加 10%	增加 30%
产业结构高级化指数变化率/%	东部	3.75	3.38	-3.72	-11.68
	中部	1.39	1.23	-6.41	-14.70
	西部	3.22	2.45	-4.76	-12.93
GDP 变化率 /%	东部	2.25	2.03	-2.07	-6.69
	中部	0.53	0.46	-2.54	-5.96
	西部	1.43	1.08	-2.56	-6.52

表 8.17　R&D 经费错配系数变化对产业结构高级化和 GDP 的变化对比

指标	区域	减少 30%	减少 10%	增加 10%	增加 30%
产业结构高级化指数变化率/%	东部	0.61	0.53	-4.71	-11.59
	中部	7.18	6.13	-15.66	-32.33
	西部	26.04	16.84	-12.88	-25.19
GDP 变化率 /%	东部	0.35	0.30	-2.75	-6.83
	中部	2.87	2.43	-6.41	-13.78
	西部	12.05	8.08	-7.56	-14.56

表 8.16、表 8.17 显示，东部地区 R&D 人员错配系数变动相对于 R&D 经费错配系数变动的效应更大，中部地区和西部地区 R&D 经费错配系数的减少会产生明显的正向效应。即对于东部地区，优化 R&D 人员配置将会对产业结构升级和经济增长带来显著促进作用；对于中部地区，若能优化 R&D 经费的配置，则会对产业结构升级和经济增长产生更大的促进效应；对于西部地区，R&D 经费错配系数变动效应更大，根据前文测算的结果，西部地区多数省份 R&D 人员错配系数较高，这意味着 R&D 人员投入成本较低，导致研发活动中 R&D 人员相对于 R&D 经费配置过多，整体创新产出率偏低，若加大西部地区 R&D 经费的资助力度，对于 R&D 人员配置的优化将会产

生良性互动，所以加大 R&D 经费配置的修正力度的同时优化会产生更大的效应。

8.4 本章小结

本章借助系统动力学模型，基于第 7 章的链式中介效应链条，构建了以高校、高技术产业、研发机构、工业企业、政府几大部门为支撑的九条创新资源配置回路体系，模拟研究了东、中、西部地区创新资源配置的修正对产业结构高级化和 GDP 的影响。创新资源配置修正主要以错配修正为前提，因此本章选用创新资源错配系数为模拟对象，对其进行动态调整，研究创新资源配置错配程度减弱或加深对区域产业结构高级化和 GDP 的增长所产生的影响。

结果表明：(1)创新资源错配程度的减弱会带来区域产业结构高级化程度的提升和 GDP 的增长。(2)创新资源错配系数减少或增加相同的幅度，所产生的效应大小并不相同，创新资源错配系数的增加，意味着创新资源错配的加深或严重，对区域产业结构高级化和 GDP 增长所产生的负向影响远大于对其进行相同幅度的优化所产生的正向效应。(3)东部地区调整 R&D 人员的错配效应大于 R&D 经费的效应，中部地区和西部地区调整 R&D 经费的错配效应大于 R&D 人员的错配效应。而对于西部地区，R&D 人员和经费双向调整优化将会产生更大的效应。

第9章 结论、建议及展望

本章主要结合前文的研究成果,对结论进行总结,并对我国创新资源配置中存在的问题提出可行性建议。同时,对研究中存在的不足提出未来研究中可行的思路展望。

9.1 研究结论

本书深入研究创新资源配置的相关理论,在对我国创新资源配置的现状进行梳理的基础上,借助于单一资源和资源综合配置多种方式从 R&D 人员和 R&D 经费两个角度对创新资源错配进行测度。在此基础上,运用空间协调度的反向测算方法对我国区域创新资源配置与产业结构升级之间的空间错配进行测算分析,利用链式中介效应探讨了创新资源配置对我国产业结构升级及经济增长的作用机制,进一步利用系统动力学对该机制进行了深入的模拟研究,主要结论如下。

结论一:创新资源投入与其产生的效应不匹配

从 R&D 经费投入的现状看,虽然逐年呈现递增趋势,但存在以下不足：一是科技转化能力较弱，研发成果对生产力贡献不足，无法促进形成新的生产力并带动经济增长；二是大比例的科研经费停留在试验开发阶段，而应用研究 R&D 经费投入比例却逐年缩减，应用需求的市场开发不够；三是更多依赖企业自身筹资投入，外资没有在科技创新发展中起到应有的作用；四是区域差距显著，东部地区优于中、西部地区。

从 R&D 人员投入的现状看，总量稳步提升，但与发达经济体的差距仍然在扩大，存在以下不足：一是我国科技人才的数量还远远不足以支撑我国科技的快速发展；二是基础研究 R&D 人员全时当量投入比例常年较低，始终保持在 10% 以下，试验开发 R&D 人员全时当量占比最高，应用研究人员介于二者之间，这种人才结构说明我国科技成果转化方面的人才储备不足；三是国有企业受人才政策僵化的影响，人才流动受限，导致企业生产效率低、竞争力不足；四是高校科技人员占比较低，无法提升产学研实际的结合效应；五是区域差异显著，东部地区具有显著的吸引人才优势，中西部明显欠缺。

从创新物资配置和成果来看，区域和行业差异明显：具有资金优势的东部地区相应的创新物质配置较中西部地区更加容易产生聚集效应，相比之下很大程度上限制了中西部地区的科技创新活动，成果具有明显区域特征；行业分布在创新型与非创新型企业间差异较大。

结论二：创新资源配置存在明显的区域非均衡特征

分别利用 Lilien 指数、资源错配系数及综合配置效率指数从单一创新资源和多资源配置效率的角度，对我国各区域、各行业创新资源的配置状况进行了测度，无论是哪一种测度方法，均显示我国创新资源整体配置效率呈上升趋势，但区域发展不平衡现象严重，东部省份大部分配置效率高，中西部的部分省份配置远远落后于其他省份；在 R&D 人员和经费配置方面效率同时较低的行业集中在煤炭开采和洗选业，石油和天然气开采业，非金属矿物制品业，黑色金属冶炼和压延加工业，计算机、通信和其他电子设备制造业等行业；创新资源配置效率情况不稳定，R&D 人员创新资源配置相对过量的地区多于不足的地区，说明R&D人员投入与有效的R&D产出并不匹配，也说明当前我国创新活动中人员产出效率低下的严重问题，地区之间及行业内部的创新资源分配方式需要调整和优化。

结论三：创新资源配置与产业结构升级存在空间错配

无论是哪种方式测度的R&D资源配置情况，结论均显示2001—2019年我国创新资源配置与区域产业结构高级化之间的错配性逐年下降，在错配度较高的区域中明显形成了的西部、中部、东北三大区域带。从整体而言，东部地区的错配性明显低于中西部地区，相当一部分地区的错配度处于中高水平，且区域差异性始终存在，这也意味着区域创新资源与产业结构之间存在空间配置不合理的现象，一定程度上会对产业结构升级及经济增长产生消极影响。

结论四：创新资源错配的修正对产业结构优化的推动作用显著

链式中介效应模型显示，创新资源综合配置效率不仅可以通过分别提高创新驱动能力和推动产业结构升级两个独立中介渠道影响经济增长，还可以通过"技术创新资源配置综合效率提升—创新驱动能力增强—产业结构升级—经济增长"这条链式中介渠道实现经济增长。这一链条中的各要素联系紧密，通过模拟仿真结果可以看到，对于东、中、西部地区，创新资源错配的程度高会直接导致产业结构升级指数上升和经济增长的速度减缓，对区域经济发展起到负向作用；错配程度下降会对产业结构升级指数上升和经济增长产生正向作用，但错配系数同比例变化所产生的负向作用远远大于正向作用。这也意味着创新资源错配程度如果进一步加深，对区域产业结构优化和经济增长的约束或限制将会越来越严重。

9.2　对策建议

创新资源错配会带来创新效率的损失，而其与各地区产业结构之间的错配又会直接影响产业结构的优化升级和经济增长,长期计划经济体制造成的创新资源分配机制僵化已不能适应市场需求,加之要素市场改革滞后,资源难以流入最有效的产业或行业部门,创新资源错配现象普遍存在,要素市场扭曲增加了我国技术创新的运行成本。本书结合研究结论,给出以下建议。

9.2.1 加快创新资源配置体制机制改革,发挥市场的优化作用

基于前文对我国科技创新政策的梳理,可以看到体制与机制的完善是影响创新资源配置的重要因素,市场机遇和经济效益是驱动区域创新系统资源配置效率提高的根本动力。从2006年建设创新型国家战略到2020年把科技自立自强作为国家发展的战略支撑,在这一过程中创新资源配置由政府统一计划调配转变为市场在配置中起基础性作用,体现出我国正逐步强化市场对区域创新资源配置的优化作用,通过价格机制、竞争机制和供求机制实现区域创新资源配置机制顺利运行,最终实现区域创新系统资源的高效利用。要发挥市场对技术研发方向、路线选择、要素价格、各类创新要素配置的导向作用,让市场真正在创新资源配置中起决定性作用。应引入多元化资源配置机制,建立区域创新资源网络运作平台,保障创新资源信息及时公开,动态了解创新资源配置状况,促进资源区域间流动与共享。在创新资源配置过程中,依据市场需求有效配置资源,政府要转变职能,退出主导角色,由对科技创新干涉过多转变为运用政府的管理优势,制定相关政策,通过完善投融资政策、利用财政策加大政府补贴、税收倾斜、知识产权保护等公共政策力度,为创新活动主体提供良好的、公平公正的、健康的市场环境,政府起辅助作用,引导培育创新主体,引导产业发展方向,形成创新资源和产业调整协调发展,减少空间错配。

9.2.2 有针对性地制定区域产业优化政策,合理引导创新资源区域配置

进一步优化产业政策,消除区域创新障碍。优化创新资源投入

结构,根据区域发展阶段和特点,有选择、有重点地进行投入。稳定增加对区域内科技基础性技术和产业共性技术攻关的投入力度,以提高市场竞争力和可持续发展为目标,以地方经济发展特色为主体,组织协调好创新资源各要素之间的关系,消除区域产业创新资源配置的政策壁垒,整合区域资源,加强区域间的交流合作。

东部地区由于区位优势,人才集聚效应明显,要更加注重对R&D人员相对紧缺的产业或行业优先配置R&D人员,让人才集聚效应产生更高的创新效率,而不是人员的浪费。中部地区在大力发展科技创新过程中,R&D人员缺失,经费在研发活动中不能有效发挥其推动作用,容易造成人员与经费不匹配的现象,进而影响创新产出效率,需要加大R&D经费的优化力度。西部地区的区位特点使其在R&D人员和R&D经费进行配置时,需要给予一定的优惠政策或政策引导,加大R&D经费的支持力度和获取渠道,带动各类资金进入研发活动领域,在研发活动中产生更大的效益,这样才能提高创新产出效率,进一步提升西部地区的科技创新活动活跃度和竞争力,吸引更多的人才,优化创新资源配置。

政府也要为科技创新活动提供必要的环境,促进企业、高校、研发机构、中介服务机构之间的网络合作关系,建立起共同学习的机制,加快知识创造与扩散的速度,促进创新资源配置与经济增长和产业结构优化的耦合程度,从而在推动区域经济增长的同时形成强大的创新驱动能力。形成有效的区域创新网络环境,实现资源整合,加速区域信息、技术、人员、技术、政策等在区域间的流动,重点扶持培育走在技术前沿的新技术企业,减少区域内创新主体的不确定性,通过良好的创新激励机制和多层次的网络交流机制,在人文、法制、经济三方面环境中营造科技创新的良好氛围,促进区域创新资源有效配置、创新驱动能力有效提升和创新成果的有效转化。

9.2.3　加强创新资源综合配置平台建设,保障创新资源信息公开

从前文的结论中可以看到创资源配置在产业、行业、部门等都存

在错配现象，一定程度上说明我国在创新资源配置方面存在信息不对称、资源流动及共享满足不了创新需求的现象。创新资源综合配置平台可以为企业、高校、科研院所创新活动提供各类有效的资源，基于现代化信息技术，提供包括技术专利开发及转化、国内外文献及各类数据库检索、软硬件配套设施共用及需求、各类研究基地合作项目公开招募、行业检测认证、专业技术咨询服务、创业孵化支撑服务、数据分析管理等多功能服务，最大限度发挥政府和市场的作用和职能，提供全方位的创新服务，促进新技术、创新资源在区域间、部门间的流动，提高创新企业的存活率，减少资源的浪费和使用不足。这一点可以参考借鉴芬兰的科技创新发展的策略。在世界各国的创新发展道路上，芬兰是具有典型特点的国家之一，自 20 世纪 50 年代开始战后重建，历经集约经济发展、基础性制度变革与创新到国家创新系统的构建，实现了国家全面创新转型，曾一度占据《全球竞争力报告》的榜首。芬兰在重视高等教育和 R&D 投入的同时，加强国家知识基础、技术平台和创新支持体系的建设，为创新活动奠定了优越的环境。针对不同创新活动、析阶段的特点，设立了一系列分工协作、互相衔接的公共资助机构，形成完整的创新支持链，借助政府的作用整合创新资源，提供各类服务。政府—产业—学术部门之间形成了互相促进、互相支持的三螺旋关系，极大地推进了芬兰的创新发展。韩国、日本快速的创新发展过程对资源的整合和共享也具有相同的特征。从中，我们可以找到值得借鉴的措施，借助政府管理优势，利用互联网的运作优势，搭建区域政产学研创新资源综合配置平台（图 9.1），为创新资源配置优化提供开放、高效、完备的服务保障系统。

政府、企业、高校与科研院所应该主动抓住发展机遇，优势互补，选择合适的创新资源配置合作对象，主动整合并优化创新资源配置。借助于平台建立有效的人才流动机制，人才流动是优化人才资源配置不可缺少的环节，一方面要通过多种形式加快企业内部人才市场化方式配置进程，以企业内部人力资源市场为载体，推动人才合理流动；同时要进一步与企业外部市场接轨，积极引进企业急需、紧缺的各类人才，满足企业发展需求；另一方面要建立开放式的人才引进机制，把引才与引智相结合，不断拓宽高素质人才的吸纳渠道。

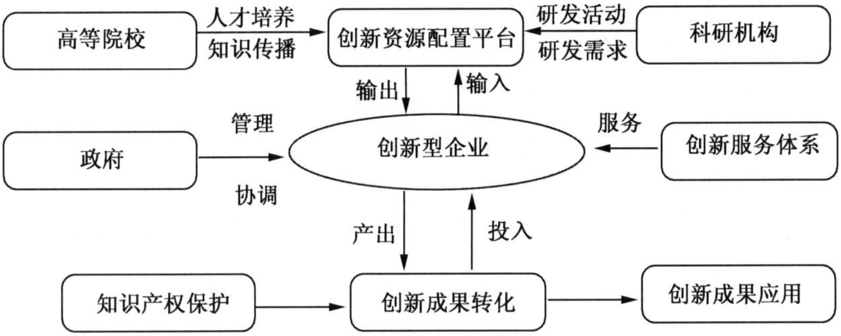

图 9.1　创新资源综合配置机制

9.2.4　注重基础性研究与应用研究的资源配置，提升高校创新主体地位

第 4 章总结了我国基础研究、应用研究和开发研究的经费存在不平衡的现象，事实上基础研究对一个企业或产业的影响不仅是正向的，而且影响效应在实际上要超过相同投入的应用研究和试验开发①。尽管从短期看，应用和开发研究也能为企业带来较高的市场份额和产品竞争力，但这种竞争优势是不可持续的，是以牺牲了企业用于创造基础知识投入为代价的。使用来自基础研究产生的知识机会越多，就越会激励企业自身开展基础研究，更好地获取和利用外部知识②。基础研究具有巨大的社会回报，但其本身不具有创新的反馈回路，如果没有强有力的企业 R&D 作为支撑条件，基础研究的经济效益不易实现。因此建议提升高校和科研院所科技创新的主体作用，真正成为创新研发的主力军。在创新链条上，高校处于前端，主要承

① MANSFIELD E. Basic research and productivity increase in manufacturing [J]. The American economic review, 1980,70(5):863-873.

② BEISE M, STAHL H. Public research and industrial innovations in Germany[J]. Research policy, 1999(28):397-422.

担知识和基础技术的创新,我国人才主要集中在高校和科研院所,每年都有大量的科研成果产生,但是许多科研成果都缺乏转化机制,不能转化为现实生产力。高校应结合所处区域经济发展的客观条件,发挥高校学科的优势,加大对区域创新人才的培养和支持力度。以研发基地的建设为抓手,提升高校基础研究和应用研究的地位和水平,对高校的人才培养定位提出合理需求和导向。以高精尖人才为带头人,加大对高素质创新人才培养力度,鼓励团队科研协作,通过本、硕、博多层次人才培养体系,形成团队中梯队式人才培养,发挥各层次人才的创新优势和潜力,在创新领域形成特色研究团队,在基础研究和应用研究成果上形成科研传承优势,保证研发的连续性、深入性,在优势领域取得持续的突破。注重高校和科研机构的实验室建设,实验室是高校和科研机构创新的载体,尤其要加强国家级和省级重点实验室的建设,加大企业与其合作力度,多渠道提供资金等创新资源,为技术创新提供基础研究和应用研究的强大知识生产平台。发挥市场的基础作用,促进政府、高校、科研机构和企业等创新主体之间的联系与分工协作,突破关键核心技术,加强原始创新。增加技术创新成果的转化能力,建设产学研合作创新基地,以技术突破引领新兴产业集群发展。以技术加快新兴产业发展和传统产业升级,促进经济技术开发区和大学科技园的建设,促进更多孵化基地的建设。

9.2.5 建立多层次科技创新服务体系,促进创新成果转化

促进科技创新成果转化,除了新技术的产生与专业保护,还要有一系列与之配套的创新服务相适应。探索科技成果转移转化的有效机制与模式,开展从项目开发初期的技术评估到孵化、投资的全过程服务,提升综合服务水平和市场化运营能力,着重解决科技成果转化"最后一公里"问题,推动原始创新和科研成果落地转化,建立多层次服务体系。

政府应该致力于完善相关政策和机制,利用税收政策激励企业开展创新活动,同时,通过政府采购有效引导技术创新沿着政府主导方向进行,从而使产业政策得以贯彻,如军工、环保等政府意愿和国

家利益得到充分体现。特别是对一些特殊领域,如军工、环保等,政府采购起着决定性的作用。以美国为例,政府研发合同对提升企业技术实力的作用往往大于一个合同金额的本身,此即“倍增”效应。

1. 人力资源服务体系

以美国硅谷的发展为例,美国高校优秀人才的培养、发达的猎头行业、高端人才信息网络及多元化科技活动社团组织对外来人才的保障等措施,对硅谷的人才资源集聚和配置起到了重要的作用。我国也应该在相应的领域提高人才服务手段,加强建设专业全面、设施一流且与国际接轨的高水平人才培训基地,提高人才流动的市场化服务水平,完善人才流动的管理机制,创新区域特色、专业特色的科技社团等服务形式,优化高层次研发人才发展环境。

2. 金融资本服务体系

以风险投资为例,探索社会资本进入创新领域的新途径,利用民间资本发展科技创新发展基金,为创新型企业提供启动资金,解决创业初期资金难的问题。促进产业集群发展,形成资金规模效应。政府方面应建立健全金融服务体系,搭建市场主导和政府辅助的科技金融投融资体系,提高科技金融效率。

3. 财务法律服务体系

科技创新活动的核心技术和成果需要一系列的法律认定和保障来维护其所有权,这是一项促进创新活动的重要保障内容。组建专业的科技创新服务机构,由专业的财务、法务人才为企业提供快捷优质服务,在节省人力物力的同时提高管理质量。同时,可以由政府出面加强科技创新公共服务平台业务范围,构建完善财务、法律等优质服务商资源库,以多种形式加强集群企业的交流对接,充分发挥中介作用,对创新成果和人才的利益实施有效保障。

4. 公共交流服务体系

科技中介组织主要包括各种技术市场、技术产权交易所、技术贸易机构、生产力促进中心和科技咨询业等组织机构,这些中介组织通过专业化的技术交易服务来推动技术成果的转移和扩散,具有桥梁纽带和组织协调的作用。他们可以将高校的技术成果转移给有需求的合适的企业，同时把社会、产业、企业的需求信息反馈到给高校，推动和加强产学研的合作，促进技术创新。硅谷取得成功的一大因素是其与周边高校形成了技术成果市场化的密切联系，而技术转移办公室作为校企沟通的纽带，是技术成果产业化的重要推进力量。中介机构的集群化和规模化也是提升中介机构服务能力的一个重要渠道，可以更加有效地通过建立科研成果的交流交易转化平台，完善技术中介经营体系，推动创新成果进入技术交易市场。

9.3 研究不足与展望

9.3.1 研究不足

一方面，由于我国的技术创新可研究数据资源有限，目前学者们开展研究所使用的数据来源主要有两部分：一部分是源于国家公布的宏观数据，包括《中国统计年鉴》《中国科技统计年鉴》，另一部分则是源于国家统计局工业企业数据库。因为数据的时效性和存在争议性，本书没有使用中国工业企业数据库中企业的微观数据，这也限制了一些指标的获取，今后会考虑从更新的工业企业数据库中进一步完善相关研究。而宏观数据由于其公布数据的口径某些时段会发生变化，导致个别数据无法实现长期动态研究。该现象主要存在于以下几部分的研究：(1)2010 年之前分行业的 R&D 数据都是基于大中型企业，而 2010 年之后又都是基于规模以上企业的，所以部分研究只能分段考虑；(2)规模以上企业的标准进行过多次调整，2010 年以前规模以上企业统计范围为年主营业务收入 500 万元及以上的工业法人企业，而 2011 年调整为年主营业务收入为 2 000 万元及以上的工业法人企业，该标准延续到现在，所以涉及规模以上企业的数据均使用 2011—2018 年的可获数据；(3)在对比 R&D 机构对各行业提供服务的数据时，其 R&D 经费内部支出额在 2014 年出现结构性调整，2014 年“中国制造 2025”这一概念提出，2015 年国务院正式印发

“中国制造 2025”,制造业的 R&D 经费提高幅度明显,同时大幅度削减了第三产业中科学研究和技术服务业的 R&D 经费,该调整导致数据出现较大波动。

另一方面,由于缺少分产业的 R&D 相关数据,无法利用各区域分产业的 R&D 数据进行产业间空间配置问题的深入讨论,所以只能分别用区域 R&D 资源配置测度和产业结构高级化指数之间的关系来研究创新资源配置和产业结构的空间错配性,同时借助于分行业的规模以上工业企业的创新资源错配数据说明行业间的错配情况。

9.3.2　研究展望

从融资约束方面进一步研究创新资源配置对企业创新效率的影响效应分析,深入探讨利率市场化和融资约束对企业创新效率影响机制。

随着大数据产业的不断发展,数字要素已经在生产生活领域、科技创新领域发挥着越来越重要的作用,未来的研究可进一步考虑数字要素的配置问题,结合创新资源进行深入探讨。

从微观角度,可以进一步考虑从企业层面将企业的进入、退出、研发决策结合在一起,研究企业缺乏研发动力的现状,挖掘企业的市场力量,进一步探讨如何降低企业进入门槛,加强市场竞争,对微观企业层面技术进步的提升进行深入研究,进而探讨如何提升整个经济的产出。

从宏观角度,以本书的研究成果为基础,可以进一步扩展到国际数据比较,比如通过经济体、区域等不同类型的划分,研究不同国家创新资源错配的状况以及对不同国家技术创新政策产生的效应进行比较研究等。

附　录

附表 1　分地区 R&D 人员配置的 Lilien 指数(2001—2019 年)

省份	年份									
	2001	2002	2003	2004	2005	2006	2007	2008	2009	2010
北京	0.022	0.032	0.030	0.080	0.014	0.033	0.011	0.034	0.042	0.029
天津	0.001	0.002	0.006	0.004	0.007	0.002	0.007	0.008	0.013	0.002
河北	0.010	0.012	0.002	0.007	0.002	0.008	0.018	0.018	0.008	0.002
山西	0.011	0.002	0.002	0.006	0.029	0.032	0.025	0.007	0.009	0.018
内蒙古	0.009	0.000	0.005	0.021	0.000	0.001	0.010	0.005	0.002	0.002
辽宁	0.009	0.024	0.039	0.003	0.014	0.010	0.007	0.025	0.019	0.012
吉林	0.042	0.001	0.008	0.010	0.003	0.001	0.001	0.019	0.008	0.004
黑龙江	0.030	0.003	0.007	0.011	0.008	0.012	0.012	0.011	0.014	0.004
上海	0.039	0.006	0.007	0.000	0.010	0.019	0.006	0.016	0.041	0.021
江苏	0.022	0.020	0.008	0.000	0.015	0.005	0.000	0.024	0.061	0.012
浙江	0.089	0.008	0.026	0.068	0.019	0.041	0.023	0.023	0.001	0.022
安徽	0.012	0.018	0.000	0.015	0.001	0.008	0.008	0.031	0.006	0.006
福建	0.011	0.031	0.020	0.022	0.009	0.004	0.004	0.017	0.015	0.015
江西	0.025	0.008	0.006	0.009	0.004	0.007	0.012	0.010	0.000	0.007

续附表 1

省份	年份									
	2001	2002	2003	2004	2005	2006	2007	2008	2009	2010
山东	0.017	0.096	0.005	0.035	0.017	0.010	0.011	0.052	0.034	0.010
河南	0.001	0.012	0.015	0.004	0.005	0.011	0.012	0.005	0.021	0.003
湖北	0.009	0.030	0.025	0.017	0.006	0.017	0.013	0.010	0.015	0.007
湖南	0.008	0.010	0.023	0.017	0.004	0.009	0.004	0.002	0.015	0.003
广东	0.024	0.005	0.007	0.020	0.027	0.039	0.055	0.019	0.007	0.030
广西	0.038	0.017	0.003	0.007	0.003	0.005	0.009	0.002	0.011	0.002
海南	0.010	0.006	0.006	0.010	0.012	0.004	0.004	0.007	0.028	0.002
重庆	0.002	0.002	0.006	0.014	0.000	0.001	0.002	0.005	0.018	0.007
四川	0.053	0.033	0.023	0.003	0.014	0.013	0.001	0.006	0.033	0.027
贵州	0.010	0.011	0.008	0.013	0.005	0.000	0.007	0.010	0.002	0.003
云南	0.002	0.010	0.013	0.008	0.017	0.002	0.004	0.002	0.009	0.004
陕西	0.028	0.005	0.032	0.029	0.015	0.001	0.010	0.025	0.020	0.007
甘肃	0.010	0.025	0.008	0.021	0.002	0.010	0.003	0.006	0.010	0.009
青海	0.005	0.003	0.002	0.004	0.008	0.004	0.001	0.011	0.019	0.002
宁夏	0.002	0.001	0.008	0.011	0.001	0.000	0.005	0.010	0.007	0.010
新疆	0.004	0.005	0.004	0.006	0.003	0.003	0.002	0.009	0.014	0.001

省份	年份								
	2011	2012	2013	2014	2015	2016	2017	2018	2019
北京	0.002	0.011	0.017	0.011	0.003	0.000	0.007	0.027	0.021
天津	0.018	0.011	0.004	0.012	0.013	0.012	0.030	0.019	0.049
河北	0.006	0.008	0.008	0.012	0.007	0.002	0.004	0.029	0.004
山西	0.013	0.016	0.005	0.007	0.019	0.000	0.005	0.019	0.013
内蒙古	0.001	0.002	0.007	0.007	0.003	0.000	0.021	0.035	0.027
辽宁	0.032	0.009	0.000	0.000	0.032	0.001	0.005	0.002	0.013

续附表 1

省份	年份								
	2011	2012	2013	2014	2015	2016	2017	2018	2019
吉林	0.017	0.001	0.016	0.002	0.003	0.007	0.012	0.039	0.018
黑龙江	0.007	0.022	0.019	0.008	0.018	0.009	0.029	0.050	0.026
上海	0.006	0.019	0.002	0.008	0.002	0.008	0.009	0.013	0.011
江苏	0.013	0.013	0.021	0.006	0.010	0.004	0.003	0.027	0.010
浙江	0.002	0.007	0.007	0.010	0.017	0.000	0.004	0.016	0.019
安徽	0.019	0.020	0.010	0.005	0.003	0.002	0.001	0.006	0.025
福建	0.019	0.008	0.003	0.009	0.015	0.002	0.004	0.009	0.008
江西	0.006	0.012	0.006	0.006	0.007	0.006	0.020	0.029	0.037
山东	0.017	0.004	0.003	0.006	0.007	0.005	0.008	0.019	0.057
河南	0.006	0.007	0.017	0.002	0.006	0.003	0.012	0.011	0.014
湖北	0.006	0.009	0.001	0.001	0.010	0.005	0.003	0.005	0.014
湖南	0.008	0.006	0.009	0.002	0.009	0.001	0.009	0.006	0.007
广东	0.019	0.021	0.023	0.013	0.008	0.001	0.018	0.075	0.012
广西	0.005	0.010	0.011	0.004	0.009	0.001	0.013	0.000	0.024
海南	0.001	0.004	0.002	0.001	0.001	0.001	0.002	0.001	0.001
重庆	0.004	0.001	0.006	0.007	0.005	0.009	0.015	0.009	0.010
四川	0.028	0.011	0.006	0.008	0.008	0.007	0.023	0.002	0.006
贵州	0.006	0.004	0.013	0.004	0.003	0.001	0.010	0.007	0.010
云南	0.001	0.002	0.006	0.002	0.025	0.001	0.009	0.002	0.015
陕西	0.022	0.001	0.008	0.002	0.012	0.002	0.001	0.019	0.025
甘肃	0.014	0.001	0.005	0.003	0.006	0.004	0.012	0.015	0.019
青海	0.004	0.003	0.007	0.002	0.007	0.000	0.011	0.015	0.045
宁夏	0.001	0.001	0.003	0.005	0.002	0.003	0.003	0.002	0.003
新疆	0.003	0.007	0.005	0.004	0.005	0.002	0.010	0.007	0.052

注:西藏数据不可获取,此表不包含西藏数据。

附表 2　分地区 R&D 经费配置的 Lilien 指数(2001—2019 年)

省份	年份									
	2001	2002	2003	2004	2005	2006	2007	2008	2009	2010
北京	0.020	0.013	0.009	0.011	0.012	0.028	0.020	0.047	0.012	0.003
天津	0.023	0.001	0.014	0.007	0.014	0.012	0.004	0.015	0.016	0.010
河北	0.027	0.009	0.009	0.016	0.012	0.009	0.008	0.004	0.003	0.009
山西	0.007	0.008	0.009	0.015	0.011	0.013	0.010	0.002	0.003	0.010
内蒙古	0.000	0.001	0.009	0.004	0.016	0.012	0.014	0.010	0.017	0.000
辽宁	0.021	0.015	0.006	0.002	0.013	0.024	0.003	0.016	0.006	0.003
吉林	0.007	0.029	0.014	0.000	0.013	0.018	0.001	0.020	0.023	0.030
黑龙江	0.018	0.008	0.020	0.021	0.013	0.006	0.008	0.007	0.000	0.010
上海	0.007	0.004	0.006	0.011	0.006	0.004	0.011	0.020	0.015	0.019
江苏	0.028	0.010	0.024	0.037	0.004	0.015	0.002	0.028	0.013	0.001
浙江	0.016	0.015	0.037	0.047	0.032	0.029	0.004	0.004	0.021	0.005
安徽	0.016	0.002	0.008	0.014	0.005	0.008	0.003	0.015	0.015	0.002
福建	0.014	0.021	0.040	0.007	0.010	0.004	0.002	0.000	0.009	0.006
江西	0.022	0.022	0.021	0.001	0.007	0.008	0.005	0.004	0.005	0.006
山东	0.002	0.046	0.004	0.020	0.028	0.006	0.022	0.032	0.014	0.018
河南	0.003	0.030	0.004	0.005	0.009	0.027	0.004	0.005	0.022	0.001
湖北	0.018	0.010	0.008	0.040	0.012	0.005	0.009	0.014	0.025	0.003
湖南	0.011	0.019	0.006	0.006	0.006	0.003	0.016	0.033	0.013	0.000
广东	0.034	0.028	0.014	0.029	0.026	0.016	0.015	0.000	0.011	0.006
广西	0.017	0.008	0.003	0.017	0.001	0.002	0.002	0.016	0.012	0.008
海南	0.004	0.005	0.006	0.010	0.016	0.002	0.000	0.001	0.010	0.000
重庆	0.020	0.003	0.017	0.007	0.010	0.007	0.004	0.003	0.006	0.004
四川	0.019	0.027	0.014	0.052	0.001	0.018	0.009	0.015	0.012	0.002
贵州	0.006	0.006	0.006	0.010	0.001	0.005	0.018	0.007	0.007	0.005

续附表 2

省份	年份									
	2001	2002	2003	2004	2005	2006	2007	2008	2009	2010
云南	0.002	0.003	0.005	0.010	0.027	0.019	0.000	0.003	0.004	0.002
陕西	0.020	0.009	0.012	0.007	0.022	0.021	0.005	0.010	0.009	0.011
甘肃	0.001	0.005	0.002	0.010	0.007	0.000	0.011	0.001	0.006	0.006
青海	0.009	0.013	0.001	0.000	0.009	0.003	0.003	0.007	0.015	0.003
宁夏	0.009	0.001	0.001	0.000	0.008	0.010	0.008	0.009	0.004	0.004
新疆	0.009	0.007	0.006	0.012	0.009	0.004	0.003	0.014	0.005	0.001

省份	年份								
	2011	2012	2013	2014	2015	2016	2017	2018	2019
北京	0.027	0.015	0.011	0.009	0.001	0.011	0.019	0.021	0.021
天津	0.009	0.004	0.006	0.002	0.001	0.009	0.048	0.007	0.064
河北	0.008	0.005	0.001	0.002	0.005	0.002	0.008	0.002	0.003
山西	0.003	0.002	0.002	0.012	0.024	0.011	0.001	0.006	0.012
内蒙古	0.007	0.001	0.001	0.004	0.002	0.002	0.019	0.011	0.006
辽宁	0.006	0.020	0.002	0.024	0.053	0.015	0.005	0.009	0.006
吉林	0.005	0.004	0.006	0.001	0.001	0.013	0.023	0.025	0.049
黑龙江	0.020	0.006	0.002	0.014	0.013	0.017	0.019	0.024	0.013
上海	0.002	0.012	0.002	0.003	0.001	0.004	0.006	0.002	0.001
江苏	0.003	0.007	0.001	0.004	0.001	0.006	0.002	0.003	0.005
浙江	0.004	0.005	0.004	0.003	0.006	0.003	0.001	0.005	0.009
安徽	0.010	0.016	0.013	0.003	0.001	0.001	0.009	0.004	0.011
福建	0.008	0.005	0.001	0.005	0.003	0.007	0.010	0.009	0.015
江西	0.011	0.001	0.004	0.003	0.004	0.009	0.010	0.009	0.034
山东	0.006	0.006	0.001	0.003	0.002	0.002	0.001	0.051	0.076
河南	0.003	0.001	0.001	0.004	0.001	0.004	0.008	0.005	0.017

续附表 2

省份	年份								
	2011	2012	2013	2014	2015	2016	2017	2018	2019
湖北	0.001	0.001	0.002	0.008	0.002	0.007	0.007	0.009	0.012
湖南	0.003	0.006	0.002	0.004	0.005	0.004	0.012	0.006	0.022
广东	0.017	0.001	0.005	0.004	0.010	0.008	0.009	0.011	0.006
广西	0.004	0.001	0.003	0.005	0.012	0.001	0.006	0.008	0.009
海南	0.006	0.004	0.002	0.001	0.003	0.005	0.002	0.001	0.004
重庆	0.005	0.006	0.005	0.005	0.014	0.012	0.009	0.001	0.006
四川	0.020	0.001	0.002	0.004	0.005	0.002	0.002	0.007	0.017
贵州	0.001	0.002	0.001	0.005	0.002	0.004	0.010	0.009	0.020
云南	0.003	0.003	0.001	0.002	0.013	0.008	0.005	0.005	0.015
陕西	0.013	0.005	0.007	0.005	0.003	0.007	0.004	0.006	0.009
甘肃	0.005	0.004	0.003	0.004	0.001	0.004	0.008	0.001	0.003
青海	0.001	0.004	0.003	0.002	0.010	0.003	0.005	0.005	0.020
宁夏	0.003	0.001	0.001	0.002	0.001	0.002	0.006	0.002	0.022
新疆	0.001	0.001	0.001	0.001	0.002	0.001	0.006	0.001	0.043

注:西藏数据不可获取,此表不包含西藏数据。

附表 3　分地区 R&D 人员错配系数(2001—2019 年)

省份	年份									
	2001	2002	2003	2004	2005	2006	2007	2008	2009	2010
北京	1.170	1.337	1.285	1.732	1.870	1.823	1.921	1.579	1.507	1.611
天津	2.319	1.575	1.681	1.479	1.416	1.607	1.849	1.923	2.093	2.156
河北	2.172	2.376	2.941	3.135	3.886	4.209	4.527	4.430	4.744	5.835
山西	2.438	2.525	3.134	2.970	5.074	5.870	5.338	4.403	4.110	4.137
内蒙古	1.994	2.108	2.246	2.987	4.152	3.950	4.487	5.403	6.242	7.344
辽宁	2.538	2.556	1.986	2.074	2.516	2.813	3.100	3.215	2.991	2.849

续附表 3

省份	年份									
	2001	2002	2003	2004	2005	2006	2007	2008	2009	2010
吉林	2.039	1.848	1.814	2.549	3.087	3.574	4.018	4.155	5.240	6.699
黑龙江	3.626	3.463	3.823	4.634	4.981	5.476	5.966	6.368	6.549	7.926
上海	1.138	0.826	0.934	1.136	0.946	1.197	1.159	1.221	1.576	1.690
江苏	0.612	0.599	0.569	0.496	0.488	0.403	0.314	0.297	0.332	0.343
浙江	0.837	0.746	0.862	1.049	0.915	1.115	1.218	1.287	1.347	1.764
安徽	0.663	0.615	0.693	0.641	0.741	0.682	0.719	0.640	0.535	0.241
福建	1.139	0.846	1.115	1.361	1.422	1.706	2.079	2.488	2.171	2.537
江西	0.448	0.426	0.488	0.529	0.680	0.822	0.872	0.961	0.878	0.925
山东	0.649	0.942	1.020	0.856	0.808	0.752	0.836	1.000	1.006	1.162
河南	1.963	2.238	2.288	2.086	2.092	2.212	2.099	2.019	2.774	2.859
湖北	2.859	3.372	2.908	2.487	2.451	2.292	2.355	2.333	2.474	2.788
湖南	2.414	2.341	2.141	2.070	2.590	2.695	3.138	3.141	3.818	3.737
广东	0.336	0.319	0.338	0.294	0.320	0.365	0.495	0.653	0.698	0.842
广西	1.551	2.020	2.329	2.828	3.724	3.912	3.756	4.339	5.510	6.329
海南	0.573	0.403	0.748	1.273	0.978	1.041	1.044	1.155	2.574	3.686
重庆	2.409	1.801	1.537	1.687	1.941	2.384	3.051	2.998	2.049	1.548
四川	2.126	2.449	2.298	2.590	2.306	2.237	1.985	1.921	1.526	1.476
贵州	2.221	1.703	2.052	1.641	1.613	1.717	1.988	2.099	2.072	2.422
云南	0.560	0.724	0.751	0.833	0.821	0.858	1.068	1.006	1.033	1.093
陕西	2.427	2.540	2.076	2.112	2.095	1.971	1.638	1.300	1.137	1.002
甘肃	1.731	1.489	1.716	1.638	1.158	1.616	1.862	1.646	1.534	1.426
青海	2.752	3.231	3.869	6.683	4.402	3.434	3.635	3.128	5.414	5.718
宁夏	2.828	2.631	3.382	5.118	5.345	5.221	5.952	4.746	5.906	11.356
新疆	1.514	1.670	1.739	2.092	2.251	2.282	3.062	3.200	4.203	4.651

续附表 3

省份	年份								
	2011	2012	2013	2014	2015	2016	2017	2018	2019
北京	1.600	1.696	1.388	1.165	1.199	1.256	1.413	1.331	1.327
天津	2.217	2.906	2.326	2.343	2.371	2.102	2.307	2.113	1.841
河北	5.759	5.430	5.539	5.332	4.475	4.602	4.345	3.133	2.550
山西	3.167	2.770	2.734	3.043	3.253	3.073	3.336	2.573	2.100
内蒙古	7.479	8.104	7.478	6.809	5.956	6.287	4.980	2.890	2.047
辽宁	3.028	3.404	3.524	4.168	3.732	3.783	4.191	3.688	3.308
吉林	6.279	7.244	6.314	5.470	5.078	4.782	4.334	2.830	2.605
黑龙江	4.507	3.907	3.792	3.561	3.444	4.031	4.117	3.121	3.141
上海	1.989	2.307	2.536	2.526	2.451	2.690	2.536	2.464	2.046
江苏	0.303	0.304	0.351	0.416	0.497	0.534	0.569	0.527	0.549
浙江	1.645	1.483	1.496	1.697	1.810	1.796	2.055	2.115	2.345
安徽	0.356	0.340	0.336	0.318	0.297	0.274	0.289	0.277	0.373
福建	2.627	2.717	2.462	2.341	1.772	1.451	1.628	1.550	1.633
江西	0.783	0.716	0.638	0.391	0.338	0.276	0.300	0.366	0.388
山东	1.240	1.360	1.318	1.226	1.218	1.375	1.500	1.450	1.048
河南	2.958	2.921	2.862	2.521	2.423	2.449	1.973	1.690	1.891
湖北	2.879	2.976	3.463	2.924	2.604	2.518	2.313	2.458	2.256
湖南	4.033	4.501	4.274	3.852	3.884	3.990	3.949	3.952	3.423
广东	0.942	1.118	1.052	0.936	0.843	0.749	0.687	0.792	0.745
广西	5.686	4.032	2.473	1.673	1.336	1.263	1.259	1.901	2.163
海南	3.353	3.986	3.361	3.285	3.031	3.237	2.651	2.143	1.474
重庆	1.459	1.576	1.517	1.384	1.133	2.144	2.384	2.682	2.773
四川	1.416	1.462	1.399	1.280	1.197	1.219	1.252	1.624	1.845
贵州	1.624	1.640	1.443	1.040	1.459	1.329	1.183	1.172	1.211

续附表 3

省份	年份								
	2011	2012	2013	2014	2015	2016	2017	2018	2019
云南	1.157	1.147	1.004	0.861	0.984	0.934	0.907	0.821	0.891
陕西	0.863	0.828	0.760	0.746	0.622	0.841	0.637	0.876	0.789
甘肃	1.139	0.961	0.793	0.727	0.665	0.585	0.465	0.412	0.441
青海	5.840	6.070	4.560	3.007	1.755	1.769	2.574	1.515	1.551
宁夏	10.813	7.469	4.978	4.871	4.432	3.792	3.091	3.263	3.420
新疆	4.527	3.575	3.287	2.431	2.550	2.722	2.509	2.607	2.161

注:西藏数据不可获取,此表不包含西藏数据。

附表 4　分地区 R&D 经费错配系数(2001—2019 年)

省份	年份									
	2001	2002	2003	2004	2005	2006	2007	2008	2009	2010
北京	2.567	2.761	2.704	2.734	3.037	3.062	3.085	2.580	2.599	2.758
天津	1.162	0.823	0.807	0.745	0.780	0.884	0.958	1.054	1.206	1.164
河北	0.917	0.986	1.132	1.196	1.446	1.584	1.795	1.849	1.793	2.018
山西	0.897	1.020	1.146	1.174	1.581	1.401	1.548	1.200	1.196	1.277
内蒙古	0.841	0.991	1.113	1.219	1.833	1.853	2.520	3.135	4.009	4.691
辽宁	1.130	1.091	0.973	1.002	1.284	1.384	1.450	1.573	1.494	1.373
吉林	0.776	0.786	0.770	1.000	1.198	1.231	1.272	1.359	1.538	1.640
黑龙江	0.624	0.635	0.710	0.778	0.890	1.003	1.099	1.210	1.308	1.397
上海	1.104	0.886	0.969	1.193	1.041	1.172	1.111	1.182	1.192	1.251
江苏	1.840	1.907	1.752	1.627	1.605	1.351	1.041	0.922	0.846	0.791
浙江	0.410	0.406	0.439	0.470	0.436	0.494	0.514	0.503	0.517	0.588
安徽	2.700	3.003	3.243	3.237	3.702	3.427	3.268	2.370	1.939	0.866
福建	0.684	0.684	0.634	0.744	0.824	0.910	1.030	1.170	1.229	1.155
江西	1.717	1.712	1.954	2.198	2.347	3.308	3.843	4.516	5.446	4.886

续附表4

省份	年份									
	2001	2002	2003	2004	2005	2006	2007	2008	2009	2010
山东	0.852	0.997	1.040	1.046	0.989	0.949	1.014	1.029	1.176	1.267
河南	0.624	0.695	0.697	0.621	0.599	0.595	0.591	0.568	0.713	0.716
湖北	0.962	1.057	0.961	0.836	0.774	0.739	0.752	0.752	0.744	0.833
湖南	0.832	0.923	0.899	0.773	0.918	0.938	1.074	1.121	1.297	1.209
广东	0.594	0.605	0.590	0.531	0.513	0.494	0.549	0.661	0.681	0.713
广西	0.415	0.470	0.481	0.510	0.621	0.629	0.607	0.680	0.809	0.911
海南	0.887	0.837	1.238	1.775	1.709	1.860	1.905	1.641	1.839	2.464
重庆	0.614	0.502	0.444	0.463	0.568	0.689	0.846	0.848	0.663	0.508
四川	0.983	0.999	0.984	1.042	0.936	0.862	0.703	0.638	0.559	0.565
贵州	0.452	0.429	0.550	0.500	0.460	0.478	0.541	0.602	0.592	0.615
云南	2.860	3.663	4.046	3.982	4.912	4.862	5.884	5.314	5.560	5.537
陕西	2.210	2.378	2.025	2.268	2.263	1.862	1.454	1.183	1.061	0.858
甘肃	1.293	1.502	1.477	1.666	1.192	1.748	1.892	1.642	1.553	1.376
青海	1.295	1.774	1.908	2.977	2.228	1.697	1.648	1.621	1.760	1.890
宁夏	0.649	0.650	0.901	1.104	1.124	1.097	1.192	1.105	1.169	2.472
新疆	0.491	0.507	0.489	0.544	0.588	0.589	0.716	0.867	0.951	0.998

省份	年份								
	2011	2012	2013	2014	2015	2016	2017	2018	2019
北京	2.652	2.721	2.323	2.025	2.113	2.128	2.289	2.308	2.203
天津	1.107	1.357	1.116	1.100	1.067	0.997	1.252	1.204	1.167
河北	1.919	1.855	1.860	1.739	1.450	1.465	1.450	1.237	1.046
山西	1.086	1.046	1.107	1.310	1.557	1.353	1.349	1.154	0.968
内蒙古	5.296	5.770	5.274	5.415	4.765	4.986	4.748	3.691	2.798
辽宁	1.710	1.890	1.956	2.293	2.284	2.106	2.283	1.900	1.732

续附表4

省份	年份								
	2011	2012	2013	2014	2015	2016	2017	2018	2019
吉林	1.648	1.797	1.747	1.540	1.467	1.374	1.291	1.028	0.860
黑龙江	0.785	0.720	0.774	0.747	0.778	0.883	1.006	0.942	0.811
上海	1.477	1.767	1.964	2.069	2.023	2.093	2.075	2.107	1.853
江苏	0.739	0.702	0.791	0.964	1.159	1.224	1.334	1.322	1.351
浙江	0.548	0.498	0.503	0.573	0.595	0.587	0.670	0.647	0.694
安徽	1.188	1.034	1.048	1.044	1.016	0.963	1.062	1.071	1.391
福建	1.183	1.136	1.127	1.093	1.045	0.902	0.737	0.848	0.785
江西	5.037	4.337	4.160	3.597	2.404	2.038	1.598	1.558	1.557
山东	1.321	1.472	1.480	1.487	1.498	1.712	1.950	1.924	1.601
河南	0.739	0.746	0.694	0.635	0.651	0.647	0.572	0.522	0.583
湖北	0.852	0.905	1.096	0.968	0.943	0.919	0.872	0.907	0.827
湖南	1.295	1.406	1.470	1.413	1.411	1.443	1.414	1.394	1.312
广东	0.780	0.861	0.901	0.874	0.839	0.748	0.668	0.623	0.631
广西	0.836	0.661	0.468	0.339	0.293	0.263	0.298	0.434	0.459
海南	2.523	2.868	2.746	2.809	2.635	2.924	2.589	2.157	1.531
重庆	0.512	0.556	0.531	0.485	0.411	0.759	0.812	0.882	0.996
四川	0.602	0.559	0.523	0.474	0.472	0.459	0.427	0.546	0.656
贵州	0.439	0.405	0.307	0.241	0.361	0.334	0.282	0.274	0.300
云南	5.910	5.799	5.549	4.807	4.565	4.451	4.223	4.051	4.486
陕西	0.792	0.708	0.623	0.624	0.554	0.726	0.544	0.804	0.668
甘肃	1.194	0.940	0.813	0.740	0.729	0.643	0.561	0.551	0.552
青海	2.189	2.367	2.076	1.440	0.941	0.876	0.970	0.770	0.676
宁夏	2.322	1.609	1.176	1.097	1.071	0.973	0.801	0.847	0.964
新疆	1.052	0.916	0.942	0.768	0.771	0.831	0.871	0.963	0.932

注:西藏数据不可获取,此表不包含西藏数据。

附表 5　分地区创新资源综合配置效率指数(2001—2019 年)

省份	年份									
	2001	2002	2003	2004	2005	2006	2007	2008	2009	2010
北京	1.220	0.931	1.200	1.107	0.964	1.201	1.037	1.056	1.118	1.115
天津	1.074	1.364	1.058	1.092	1.038	0.932	0.966	0.971	0.999	1.119
河北	1.209	0.972	0.891	0.877	0.966	1.008	0.910	1.044	1.011	0.954
山西	0.869	0.935	0.885	0.907	0.816	1.121	0.953	1.287	1.020	0.950
内蒙古	0.748	0.850	0.998	0.835	0.771	0.781	0.733	0.703	0.924	1.132
辽宁	0.966	1.057	1.412	1.033	0.933	0.895	0.979	0.940	1.091	1.189
吉林	1.184	1.067	1.121	0.763	0.957	1.018	0.982	0.968	0.872	0.924
黑龙江	0.967	1.005	0.902	0.843	0.990	0.918	1.179	0.940	1.011	0.906
上海	1.290	1.269	1.086	0.966	1.184	1.029	1.032	1.000	0.883	1.062
江苏	1.128	1.051	1.200	1.104	1.079	1.109	1.406	1.170	1.004	1.174
浙江	0.865	1.109	0.993	0.863	1.167	0.913	0.994	1.049	0.986	0.915
安徽	1.006	1.001	1.003	1.037	1.078	1.125	1.101	1.241	1.142	2.016
福建	1.018	1.217	0.909	0.832	1.057	0.837	0.926	0.975	1.082	1.041
江西	0.972	0.887	0.920	0.863	0.839	0.808	0.876	0.798	1.127	1.171
山东	1.148	0.774	1.045	1.128	1.151	0.926	1.001	0.962	1.019	1.054
河南	0.945	0.890	1.001	1.028	1.162	0.970	1.010	1.023	0.806	0.999
湖北	1.141	0.895	1.200	1.133	1.097	0.980	1.004	1.006	1.007	0.916
湖南	0.892	0.947	1.170	1.026	0.922	0.984	0.868	0.920	0.833	0.997
广东	1.175	1.136	1.149	1.138	1.119	1.016	0.884	0.874	0.943	1.008
广西	1.118	0.916	0.980	0.885	0.932	0.819	1.073	0.912	0.839	0.937
海南	0.895	0.618	0.748	0.640	1.345	0.930	1.031	1.314	0.668	1.013
重庆	0.956	1.195	1.170	0.850	0.623	1.124	0.692	1.129	0.823	1.427
四川	1.277	0.937	1.081	0.926	1.241	1.134	1.209	1.137	1.188	1.186
贵州	0.768	1.089	0.798	1.015	1.244	0.978	0.915	0.917	1.020	1.100

续附表 5

省份	年份									
	2001	2002	2003	2004	2005	2006	2007	2008	2009	2010
云南	0.886	0.714	1.077	0.843	0.706	0.760	0.881	0.971	1.053	1.003
陕西	1.207	1.183	1.303	0.936	1.148	1.077	1.359	1.311	1.231	1.332
甘肃	0.794	0.991	1.075	1.128	1.227	1.009	1.005	0.951	1.071	1.025
青海	0.926	0.954	0.793	0.692	1.087	1.599	1.605	1.184	0.920	0.988
宁夏	1.046	1.011	0.751	0.759	1.103	0.933	0.948	1.099	0.947	0.506
新疆	0.887	1.014	1.060	0.843	0.742	0.938	0.834	0.828	0.751	1.042

省份	年份								
	2011	2012	2013	2014	2015	2016	2017	2018	2019
北京	1.031	1.142	1.079	1.039	1.081	1.080	1.017	1.036	0.964
天津	1.143	0.991	1.158	1.005	1.158	1.295	0.993	1.337	1.105
河北	1.185	1.138	0.964	0.959	1.330	1.145	1.098	1.640	1.126
山西	1.244	1.130	1.104	0.786	1.043	1.211	1.079	1.436	1.080
内蒙古	0.724	2.509	0.459	0.600	1.257	1.086	1.347	1.823	1.280
辽宁	1.148	1.118	0.918	0.859	1.343	1.294	1.021	1.223	1.030
吉林	1.150	0.918	1.110	0.900	1.141	1.562	1.432	2.103	1.141
黑龙江	1.393	1.295	0.937	1.000	1.038	1.039	1.092	1.505	0.967
上海	1.008	1.026	0.959	0.975	1.168	1.096	1.076	1.165	1.095
江苏	1.272	1.131	0.918	0.786	0.931	1.093	0.966	1.162	0.880
浙江	1.229	1.179	1.006	0.794	1.058	1.128	0.873	1.065	0.828
安徽	0.866	1.191	1.040	0.931	1.153	1.153	0.964	1.092	0.684
福建	1.087	1.101	0.990	0.947	1.373	1.385	0.899	1.131	0.858
江西	1.310	1.073	1.078	1.437	1.301	1.462	0.971	0.944	0.887
山东	1.117	1.050	1.102	1.010	1.173	1.105	0.989	1.192	1.272
河南	1.111	1.026	1.086	0.971	1.121	1.118	1.129	1.207	0.813

续附表 5

省份	年份								
	2011	2012	2013	2014	2015	2016	2017	2018	2019
湖北	1.116	1.115	1.205	1.144	1.186	1.197	1.111	0.998	0.996
湖南	0.977	0.982	1.075	0.992	1.101	1.090	1.097	1.092	1.068
广东	1.024	1.007	1.035	0.940	1.226	1.340	1.126	0.988	0.972
广西	1.249	1.356	1.432	1.288	1.340	1.238	0.975	0.736	0.805
海南	0.984	0.730	1.191	0.760	1.140	1.018	1.102	1.271	1.306
重庆	1.004	0.884	1.144	1.057	1.245	0.722	0.835	1.035	0.866
四川	1.249	1.150	1.120	1.025	1.243	1.173	1.029	0.965	0.840
贵州	1.560	1.049	1.342	1.106	0.777	1.166	1.202	1.115	0.867
云南	1.015	1.677	0.913	1.009	1.068	1.107	1.061	1.105	0.837
陕西	1.487	1.282	1.287	1.001	1.216	0.967	1.234	0.897	1.042
甘肃	1.076	1.256	1.188	1.001	1.094	1.181	1.221	1.188	0.863
青海	1.082	0.978	1.212	1.041	1.612	1.179	0.997	1.331	0.651
宁夏	1.473	1.200	1.361	0.946	1.181	1.221	1.202	1.007	0.862
新疆	1.048	1.230	0.988	1.162	1.086	1.032	1.043	1.034	1.096

注:西藏数据不可获取,此表不包含西藏数据。

附表 6　区域创新驱动力指数(2001—2019 年)

省份	年份									
	2001	2002	2003	2004	2005	2006	2007	2008	2009	2010
北京	63.56	68.47	51.17	62.26	52.28	49.60	72.83	73.47	80.03	79.13
天津	60.96	62.87	63.38	63.76	69.30	67.54	64.54	63.04	64.92	73.54
河北	20.15	19.98	19.58	19.13	18.73	19.96	17.29	18.24	23.87	20.07
山西	19.05	19.87	17.66	19.78	17.72	19.87	31.03	20.99	22.96	32.85
内蒙古	22.44	18.77	22.22	20.65	15.65	15.99	14.83	11.82	15.11	17.87
辽宁	40.93	53.71	62.38	61.82	46.34	47.88	50.17	43.42	48.98	41.80

续附表6

省份	年份									
	2001	2002	2003	2004	2005	2006	2007	2008	2009	2010
吉林	27.05	25.32	26.52	32.80	29.83	30.88	33.48	24.71	32.04	21.29
黑龙江	44.25	48.64	56.15	28.74	50.44	31.62	44.46	47.10	41.29	34.27
上海	61.39	65.57	50.14	48.60	65.28	68.11	60.31	63.79	70.97	64.85
江苏	43.22	44.60	38.86	37.21	38.49	37.88	40.68	52.45	63.44	58.56
浙江	33.71	34.14	42.76	40.30	37.03	38.18	40.07	46.52	63.83	54.49
安徽	24.52	38.65	54.73	26.84	37.55	42.31	37.78	33.44	43.26	56.89
福建	49.56	49.82	58.26	51.71	54.46	49.62	49.16	50.79	49.78	57.54
江西	33.57	28.08	28.52	28.63	34.37	33.62	21.93	24.41	24.43	31.98
山东	46.26	46.58	43.96	51.22	44.78	35.89	39.59	45.25	50.72	53.29
河南	33.65	38.24	36.92	37.19	32.62	27.21	29.97	26.69	36.40	32.59
湖北	32.91	31.11	35.67	40.09	36.37	36.56	43.79	44.17	58.96	46.25
湖南	36.09	36.24	38.29	53.40	38.07	41.35	43.80	39.20	57.08	48.23
广东	37.09	38.51	43.25	41.48	46.93	48.36	49.81	51.85	52.72	66.78
广西	24.42	26.34	23.93	27.39	29.04	14.22	14.63	16.34	18.09	18.40
海南	29.22	21.57	20.03	13.76	12.33	12.15	12.86	15.36	23.54	17.89
重庆	53.16	54.96	54.84	55.61	60.75	61.54	59.32	71.20	75.08	67.68
四川	50.08	24.69	50.30	45.48	53.50	52.07	53.23	49.25	65.06	40.89
贵州	20.52	25.63	25.94	22.84	25.56	26.90	24.93	23.25	28.22	38.07
云南	35.05	33.35	30.68	30.28	23.87	17.98	27.04	23.59	34.80	29.37
陕西	33.49	39.12	46.62	44.89	46.55	42.10	62.36	54.80	53.71	61.20
甘肃	19.33	25.93	20.50	29.01	32.89	37.16	38.92	37.28	49.78	54.95
青海	20.46	39.65	13.80	15.74	15.77	17.70	21.32	21.28	16.39	18.70
宁夏	18.86	22.00	25.78	23.68	37.85	43.75	40.89	44.46	46.10	43.91
新疆	28.85	37.04	39.56	35.79	45.64	46.59	35.42	19.85	21.13	25.10

续附表 6

省份	年份								
	2011	2012	2013	2014	2015	2016	2017	2018	2019
北京	83.34	82.01	88.67	91.19	91.70	93.88	90.97	93.39	90.30
天津	67.54	72.17	82.65	80.58	88.46	91.52	86.85	95.41	90.10
河北	24.70	29.05	31.43	32.18	39.95	44.52	51.81	67.61	74.58
山西	26.76	27.42	32.90	25.69	31.57	28.50	36.63	45.44	48.79
内蒙古	18.06	22.14	19.75	16.96	23.57	34.26	50.55	62.39	41.23
辽宁	42.06	42.81	46.29	45.15	60.48	79.87	72.13	83.81	70.21
吉林	30.63	26.24	32.16	27.96	27.62	48.26	48.35	59.32	66.81
黑龙江	45.02	57.55	55.98	55.32	59.90	57.32	66.50	59.07	94.94
上海	64.06	59.84	58.15	59.18	63.03	72.45	65.12	74.14	79.15
江苏	72.10	70.22	71.61	70.06	65.94	71.38	75.89	74.46	78.84
浙江	72.24	66.40	73.68	72.09	74.82	80.11	79.56	82.95	81.43
安徽	72.15	71.83	72.38	73.23	78.95	81.14	81.88	84.15	79.72
福建	58.29	54.02	53.65	51.72	58.31	65.28	66.32	66.67	65.74
江西	35.77	36.41	33.03	44.66	49.55	51.08	53.85	59.21	69.10
山东	56.44	56.39	55.15	51.04	62.27	63.28	70.56	73.94	79.95
河南	31.54	32.68	57.67	57.58	59.86	62.57	68.42	73.27	70.71
湖北	62.52	59.13	67.27	68.27	70.43	70.56	75.75	86.86	90.00
湖南	51.80	47.29	57.52	60.29	63.50	73.87	77.73	79.42	78.99
广东	76.09	69.54	77.05	70.04	80.76	83.66	77.84	80.15	79.87
广西	22.42	23.41	32.28	37.56	40.40	47.04	48.40	46.51	43.64
海南	23.82	20.16	25.94	23.67	25.85	26.12	32.72	39.02	39.49
重庆	73.89	43.40	46.91	57.85	66.59	54.67	63.06	55.12	50.49
四川	55.67	53.84	49.80	59.84	65.82	64.50	65.74	75.20	74.09
贵州	46.21	47.63	58.19	50.45	40.92	44.76	52.03	52.91	56.10

续附表 6

省份	年份								
	2011	2012	2013	2014	2015	2016	2017	2018	2019
云南	35.67	36.38	38.09	40.64	34.18	36.14	45.23	43.23	41.70
陕西	71.09	70.01	67.68	72.82	78.66	77.36	77.45	72.24	78.81
甘肃	58.11	63.54	53.18	60.03	69.34	73.96	86.40	84.24	70.11
青海	22.63	19.96	23.35	28.00	49.96	54.15	50.40	73.89	53.23
宁夏	45.56	43.72	50.76	51.59	53.59	57.28	60.73	66.95	67.32
新疆	43.10	24.14	31.12	31.80	57.24	62.00	55.39	54.88	44.84

注:西藏数据不可获取,此表不包含西藏数据。

参考文献

[1] 熊彼特. 经济发展理论[M]. 何畏,易家祥,译. 北京:商务印书馆,1990.

[2] 周寄中. 科技资源论[M]. 西安:陕西人民教育出版社,1999.

[3] 周寄中,胡志坚,周能,等. 在国家创新系统内优化配置科技资源[J]. 管理科学学报,2002, 5(3):40-49.

[4] 王其藩,系统动力学[M]. 北京:清华大学出版社,1988.

[5] SYRQUIN M. Productivity growth and factor reallocation[M]// CHENERY H, ROBINSON S, SYRQUIN M, et al. Industrialization and growth:A comparative study. New York: Oxford University Press, 1986.

[6] HSIEH C, KLENOW P J. Misallocation and manufacturing TFP in China and India [J]. Quarterly journal of economics, 2009 (124): 1403-1448.

[7] AOKI S. A simple accounting framework for the effect of resource misallocation on aggregate productivity[J]. Journal of the Japanese and international economies, 2012, 26(4): 473-494.

[8] 陈永伟,胡伟民. 价格扭曲、要素错配和效率损失:理论和应用[J]. 经济学(季刊),2011,10(4):1401-1422.

[9] 陈永伟. 资源错配:问题、成因和对策[D]. 北京:北京大学,2013.
[10] 梅多斯,兰德斯,梅多斯. 增长的极限[M]. 李涛,王智勇,译. 北京:机械工业出版社,2013.
[11] 萨缪尔森,诺德豪斯. 宏观经济学[M]. 16 版. 北京:华夏出版社,1999.
[12] 王亮. 区域创新的配置效率研究[M]. 浙江:浙江大学出版社,2010.
[13] 郑春东,和金生,陈通,等. 企业技术创新能力评价研究[J]. 中国软科学,1999(10):108-110.
[14] 王海燕. 国家创新系统的内涵及其运行绩效的评估[J]. 中国科技论坛,2000(6):31-33.
[15] 朱付元. 我国目前科技资源配置的基本特征[J]. 中国科技论坛,2000(2):61-64.
[16] 师萍,李垣. 科技资源体系内涵与制度因素[J]. 中国软科学,2000(12):55-56.
[17] 孙宝凤,李建华. 基于可持续发展的科技资源配置研究[J]. 社会科学战线,2001(5):36-39.
[18] 陈宏愚. 关于区域科技创新资源及其配置分析的理性思考[J]. 中国科技论坛,2003(5):36-39.
[19] 张聪群. 民营科技型中小企业技术创新资源的整合机制[J]. 科技进步与对策,2004(7):58-60.
[20] 曲然. 区域创新系统内创新资源配置研究[D]. 长春:吉林大学,2005.
[21] 刘凤朝,徐茜,韩姝颖,等. 全球创新资源的分布特征与空间差异——基于 OECD 数据的分析[J]. 研究与发展管理,2011,23(1):11-16,30.
[22] 范斐,杜德斌,李恒,等. 区域科技资源配置效率及比较优势分析[J]. 科学学研究,2012(8):1198-1205.
[23] 戚湧,张明,李太生,等. 基于 Malmquist 指数的江苏创新资源

整合共享效率评价[J]. 中国软科学, 2013(10): 101-110.
[24] 秦宇,我国科技资源错配测度及其影响研究[D]. 北京:中央财经大学,2017.
[25] 李双杰,王海燕,刘韧,等. 基于 DEA 模型的制造业技术创新资源配置效率分析[J]. 工业技术经济,2006(3):112-115.
[26] 梁平,梁彭勇,黄馨,等. 中国高技术产业创新效率的动态变化——基于 Malmquist 指数法的分析[J]. 产业经济研究, 2009(3): 23-28,78.
[27] 董明涛. 我国农业科技创新资源的配置效率及影响因素研究[J]. 华东经济管理, 2014(2): 53-58.
[28] 杨洪涛. 基于 DEA 的科研机构科技资源配置效率评价[J]. 科技进步与对策, 2009(4): 115-118.
[29] 陈修颖, 陈颖. 浙江省科技资源的区域差异及其空间配置效率研究[J]. 地理科学, 2012, 32(4): 418-425.
[30] 黄海霞, 张治河. 基于 DEA 模型的我国战略性新兴产业科技资源配置效率研究[J]. 中国软科学, 2015(1): 150-159.
[31] 孙夙鹏. 区域创新资源配置系统的差异性研究[D]. 镇江:江苏大学, 2016.
[32] 王聪,朱先奇,刘玎琳,等. 京津冀协同发展中科技资源配置效率研究——基于超效率 DEA－面板 Tobit 两阶段法[J]. 科技进步与对策,2017,34(19):47-52.
[33] 范德成,杜明月. 高端装备制造业技术创新资源配置效率及影响因素研究——基于两阶段 StoNED 和 Tobit 模型的实证分析[J]. 中国管理科学,2018,26 (1):13-24.
[34] 刘思明,张世瑾,朱惠东,等. 国家创新驱动力测度及其经济高质量发展效应研究[J]. 数量经济技术经济研究,2019,36(4):3-23.
[35] GOLDSMITH R W. Financial structure and development[M]. New Haven:Yale University Press,1969.
[36] 魏章进,宋时蒙. 我国 R&D 资源配置水平的空间差异及其分

布的动态演进[J]. 广东财经大学学报,2017,32(3):4-15.
[37] 尹夏楠,鲍新中,孟杰,等. 高精尖产业科技资源配置效率评价及优化路径研究[J]. 科技促进发展,2020(3):1-11.
[38] 汪朗峰,伏玉林. 高技术产业发展中科技资源配置研究[J]. 科研管理, 2013(2):152-160.
[39] 程时雄,柳剑平. 中国工业行业 R&D 投入的产出效率与影响因素[J]. 数量经济技术经济研究,2014,31(2):36-51,85.
[40] 戚湧,郭逸. 基于 SFA 方法的科技资源市场配置效率评价[J]. 科研管理,2015, 36(3):84-91.
[41] 白俊红,卞元超. 要素市场扭曲与中国创新生产的效率损失[J]. 中国工业经济,2016(11):39-55.
[42] KUMBHAKAR S C, LOVELL C A. Stochastic frontier analysis [M]. Cambridge: Cambridge University Press,2003.
[43] 吴佐,张敏,王文,等. 所有制结构、研发资源错配与研发回报率的相互关系:基于 2005—2007 年中国工业企业的经验数据[J]. 统计与信息论坛,2014(2):52-57.
[44] 焦翠红,孙海波,董直庆,等. R&D 资源配置效率演化及研发补贴效应——来自制造业的经验证据[J]. 山西财经大学学报,2017,39(2):58-71.
[45] KORTUM S, LERNER J. Assessing the contribution of venture capital to innovation [J]. Rand journal of economics, 2000 (31):674-692.
[46] 蔡林. 系统动力学在可持续发展研究中的应用[M]. 北京:中国环境科学出版社,2008.
[47] 翁宏标,王斌会. 我国 R&D 投入要素对专利生产的贡献度测算[J]. 科技管理研究,2011(19):176-179.
[48] 杨震宇. 资源错配与研发型企业生产效率损失[J]. 研究与发展管理,2015,27 (5):99-109.
[49] 秦宇,邓鑫,周慧,等. 中国科技资源错配及其对产出影响的测算[J]. 财贸研究,2018,29(9):28-41.

[50] 靳来群,胡善成,张伯超,等. 中国创新资源结构性错配程度研究[J]. 科学学研究,2019,37(3):545-555.

[51] LEONCINI R. The nature of the long-run technological change: Innovation, evolution and technological systems[J]. Research policy, 1998,27(1):75-93.

[52] 许庆瑞. 研究、发展与技术创新管理[M]. 北京:高等教育出版社,2010.

[53] 唐泳,赵光洲. 科技资源市场化配置中的风险分析[J]. 科技进步与对策,2011(8):129-132.

[54] 翟静,卢毅. 科技资源市场化配置中的规矩与意识研究[J]. 科学管理研究,2015(5):39-42.

[55] HOEKMAN B M, MASKUS K E, SAGGI K, et al. Transfer of technology to developing countries: Unilateral and multilateral policy options [J]. World development, 2005, 33 (10): 1587-1602.

[56] RATCHFORD J T, BLANPIED W A. Paths to the future for science and technology in China, India and the United States[J]. Technology in society, 2008,30(3-4): 211-233.

[57] PARK T, RYU D. Drivers of technology commercialization and performance in SMEs[J]. Management decision, 2015,53(2): 338-353.

[58] 吴传俭,政府审计的经济资源错配修正论研究[J]. 技术经济与管理研究,2016(12):88-92.

[59] 祝平衡,王秀兰,李世刚,等. 政府支出规模与资源配置效率——基于中国工业企业数据的经验研究[J]. 财经理论与实践,2018,39(2):95-100.

[60] 聂辉华,贾瑞雪. 中国制造业企业生产率与资源误置[J]. 世界经济,2011(7): 28-30.

[61] BARTELSMAN E, HALTIWANGER J, SCARPETTA S, et al. Cross country differences in productivity: The role of allocative

efficiency[J]. American economic review, 2013(1):305-334.
[62] 李欣益. 我国农村劳动力资源优化配置问题研究[D]. 吉林:东北电力大学.
[63] 傅小龙. 广东劳动力配置结构分析及其对策探讨[J]. 商业经济,2019(2):46-47.
[64] 周海波,胡汉辉,谢呈阳,等. 地区资源错配与交通基础设施:来自中国的经验证据[J]. 产业经济研究,2017(1):100-113.
[65] 赵静. 新时代皖北地区科技创新资源优化配置研究[J]. 农业科研经济管理,2020(1):12-13.
[66] 史安娜,徐巧玲. 我国科技资源配置效率的实证分析——基于DEA 的超效率 CCR 模型与 Malmquist 指数模型[J]. 科技管理研究,2015,35(1):54-59.
[67] 黄蕊,金晓彤. 我国区域经济非平衡非充分发展的解决路径:创新资源配置方式的优化与重构——基于后发优势理论视角[J]. 经济问题,2018(10):1-7,46.
[68] 戴显红,侯强. 供给侧改革视野下区域科技创新资源的优化配置[J]. 决策咨询,2020(2):13-17,200.
[69] WINKOFSKY E P, BAKER N R, SWEENEY D J, et al. A decision process model of R&D resource allocation in hierarchical organizations[J]. Management science, 1981,27(3):268-283.
[70] HEGAZY T. Optimization of resource allocation and leveling using genetic algorithms[J]. Journal of construction engineering and management, 1999,125 (3):167-175.
[71] SAMARA E, GEORGIADIS P, BAKOUROSE I, et al. The impact of innovation policies on the performance of national innovation system: A system dynamics analysis [J]. Technovation, 2010,32 (11):624-638.
[72] 刘丽萍,王雅林. R&D 投入、专利申请量与中国企业自主创新能力[J]. 哈尔滨工程大学学报,2011,32(11):1522-1526.
[73] 冯陈澄. 基于协同理论的科技资源配置对国家创新能力提升

机制研究[D]. 西安:陕西师范大学,2014.
[74] 陈治. 中国区域风险投资对技术创新的作用研究[D]. 太原:山西财经大学, 2010.
[75] 阿吉翁, 霍依特. 内生增长理论[M]. 陶然,倪彬华,汪柏林,等译. 北京:北京大学出版社,2004.
[76] 李永辉. 金融体系与内生经济增长研究[D]. 上海:上海社科院,2008.
[77] MARTIN P, ROEGES C A. Industry location and public infrastructure[J]. Journal of international economics, 1995(39):335-351.
[78] HIRSCHMAN A. The strategy of economic development[M]. New Haven: Yale University Press, 1958.
[79] 刘凤朝,孙玉涛. 我国科技政策向创新政策演变的过程、趋势与建议——基于我国 289 项创新政策的实证分析[J]. 中国软科学,2007(5):34-42.
[80] MUHAMMAD R A, CHIARA M, FRANCESCO P, et al. Note on Lilien and modified Lilien index[J]. Stata journal, 2014,14(2):398-406.
[81] 朱平芳,徐伟民. 政府的科技激励政策对大中型工业企业 R&D 投入及其专利产出的影响——上海市的实证研究[J]. 经济研究,2003(6):45-53,94.
[82] 吴延兵. 中国工业 R&D 产出弹性测算(1993—2002)[J]. 经济学(季刊),2008(3): 869-890.
[83] 卓乘风,邓峰. 创新要素流动与区域创新绩效——空间视角下政府调节作用的非线性检验[J]. 科学学与科学技术管理,2017,38(7):15-26.
[84] GRILICHES Z. Patent statistics as economic indicators: A survey[J]. Journal of economic literature, 1990(28):1661-1707.
[85] ZOLTAN J A, ANSELIN L, VARGA A, et al. Patents and innovation counts as measures of regional production of new knowl-

edge[J]. Research policy, 2002(31): 1069-1085.
[86] COLAPINTO C. A way to foster innovation: A venture capital district from Silicon Valley and route 128 to Waterloo Region [J]. International review of economics, 2007(9):319-343.
[87] MARK G. Patents: Innovation and growth[J]. Economic record, 2000(76): 255- 262.
[88] FÄRE R, GROSSKOPF S, NORRIS M, et al. Productivity growth, technical progress, and efficiency change in industrialized countries[J]. American economic review, 1994,84(1):66-83.
[89] BJUREK H. The malmquist total factor productivity index [J]. Scandinavian journal of economics, 1996, 98(2):303-313.
[90] GRIFELL E, LOVELL C A K. A note on the malmquist productivity index[J]. Economics letters, 1995(47):169-175.
[91] 干春晖,郑若谷,余典范,等. 中国产业结构变迁对经济增长和波动的影响[J]. 经济研究,2011,46(5):4-16,31.
[92] 刘伟,张辉,黄泽华,等. 中国产业结构高度与工业化进程和地区差异的考察[J]. 经济学动态,2008(11):4-8.
[93] 付凌晖. 我国产业结构高级化与经济增长关系的实证研究[J]. 统计研究,2010,27(8):79-81.
[94] MACKINNON D P. Introduction to statistical mediation analysis [M]. New York: Routledge, 2008.
[95] HAYES A F. Beyond Baron and Kenny: Statistical mediation analysis in the new Millennium[J]. Communication monographs, 2009(76): 408-420
[96] 温忠麟,叶宝娟. 中介效应分析:方法和模型发展[J]. 心理科学进展, 2014,22(5):731-745.
[97] HANSEN M T, BIRKINSHAW J. The innovation value chain [J]. Harvard business review,2008(4): 36-49.
[98] 袁航,茶洪旺. 中国创新驱动指数的测度[J]. 中国科技论坛, 2018(10):46-52.